評言社MIL新書

薬局と薬剤師の進化論

薬局は3万店もあればいい

遠藤 邦夫

Kunio ENDO

009

評言社

はじめに

薬局は、今後もこれまでのように存在し続けることができるのだろうか。そして医薬分業は、どのようになるのだろうか。いわゆる医薬分業元年といわれている1974年から50年近くが経過し、医薬分業率も約80％に達するまでになった。薬局の数もついに6万店を超え、コンビニエンスストアの数をも追い抜いてしまった。

しかし、医薬分業や薬局に対する評価については、高い評価を得るどころか医薬分業懐疑論が今なお続いている。その内容は、当初から大きく変化していない。

わが国の医療費は、高齢化の進展や技術革新によって増大傾向にある。そのため政府は、医療費の適正配分を強化している。今回の新型コロナウイルス感染症の拡大によって、これまで以上に厳しい財政運営を余儀なくされることになり、医療費抑制策も強化されることが予想される。すでに財務省は、その動きを強化しようと動き出している。それだけに医薬分業も国民から評価が高まらなければ、調剤報酬が抑制されることになりかねない。このことを、どれだけの薬局経営者や薬局薬剤師は、厳しく受け止めているのだろうか。

わが国において、政府が医薬分業推進を強化する大きなきっかけとなったのが、医療機関の薬価差問題等であった。結果的にそれまで低迷していた医薬分業は動き出すことになったものの、マンツーマン薬局や門前薬局が急速に増加することになり、わが国特有の医薬分業の姿が定着することになった。これによりマンツーマン薬局や門前薬局は、容易に患者を吸引し、収益を確保することができるようになった。薬局経営者の中には、医療機関や医師へ働きかけ、診療所のそばや病院の門前に薬局を次々と開設し、途中からは買収によって店舗数を増加させ、東証1部上場企業にまで成長したところもある。

最近では、新たな収入源として調剤業務を行うことで、急成長の事業として活用するドラッグストアが増加している。さらには調剤薬局チェーンが得意とする医療モール事業にまで、ドラッグストアも進出するようになっており、調剤薬局チェーンと激しい競争が行われている。

また、ここ数年は、大学病院など大規模病院の敷地内に病院のアメニティ施設と併設した「敷地内薬局」の存在が注目されている。すでにその数は、100施設を超えるまでになっている。私の友人でもある病院経営幹部は、大手調剤薬局チェーンから提示された契約額を見て、「こんなに出してくれるの、と思えるような契約額を提示された」と驚いていた。大手調剤薬局チェーンは、病院側が公募するのに応じるだけではなく、自ら積極的に営業活動を行うことで、短期間で件数を増加させている。

このように、わが国の医薬分業は、特定の薬局が特定の医療機関との結びつきを強めながら進展してきた。当初から、面分業の形を取れば、過剰な医薬品在庫を抱えるリスクが高まることになり、どうしてもリスク軽減のためには、マンツーマン薬局や門前薬局も仕方ない形態だった。だが、多くの薬局はそのような形態を見直すことなく、次々と新しい同様の薬局を開設してきた。その結果が医薬分業への不満である。最近では大手ドラッグストアの調剤事業強化、敷地内薬局の開設など、新たな展開も積極的に行われているが、このままでは多くの国民が納得できる医薬分業への転換は困難だ。

一方、コロナ禍により多くの薬局では患者が急激に減少し、長期間その状態が続くなど、それ以前の状況と大きく様変わりをした経験を余儀なくされることになった。薬局としては、早く新型コロナウイルス感染症の拡大が収束し、以前のような状態に戻ることを望んでいるだろう。だが、もうコロナ以前の状態に戻ることはない。狭く三密状態になってしまうような薬局を敬遠する患者も出てくる。コロナ後の新常態では、全国いたるところでそのような状況が見られるようになるだろう。

今回本書を執筆しようと思ったのは、古い医薬分業下での薬局経営の呪縛から抜け出せず、依然として処方元を重視してばかりいる薬局や、投資をせずバックヤードの充実を疎かにし、狭小の店舗で患者本位の経営ができない薬局などは、今後、存続することが困難になることを、多くの関係者に伝えたかったからだ。存続するには、真に患者や地域住民のために絶え間なく店舗への投資を行い、患者や地域住民のための薬局経営を行わなければならない。薬局もそこに勤務する薬剤師も、大きく進化しなければならない。そして、そのことがわが国の医薬分業や薬局、薬剤師に対する国民の評価を大きく変える原動力になるはずだ、ということを理解してもらいたかったからに他ならない。

私は、1997年1月に日本薬剤師会が公表した「薬局のグランドデザイン」の作成に携わった時から「今は、多くの関係者が海外の薬局を見学に行っているが、いずれは海外の薬局関係者が日本の薬局を見学に来る時代が到来してほしい」と思い続けてきた。新型コロナウイルス感染症の蔓延によって大きく社会が変貌し、新常態となった今こそ、その動きを強化する絶好の機会だ。

本書では、これまでの薬局や薬剤師に何が不足していたのか、わが国に必要とされる薬局や薬剤師の姿はどうあるべきなのかということを述べつつ、これからの薬局や薬剤師の進化についても触れている。

これからの日本において重要視されるのは薬局の数ではなく、質である。患者や地域住民の多くは受け身であるが、彼らが必要とすることを提供できない薬局は経営を持続することが困難になる時代となる。薬局や薬剤師は、この大転換期を逃せば、自らの存在意義を示す機会となることができる医薬分業への移行を逸することになりかねない。そのようなことがないよう進化を遂げなければならない。

目次

はじめに …… 3

第1章　歪んだ分業

誰のための分業なのか …… 14
調剤薬局という名称は他との差別化 …… 18
コンビニと調剤薬局の融合は、その多くが失敗している …… 22
大手調剤薬局は成長を続けてきた …… 24
次は大手ドラッグストアが参入 …… 30
今度は敷地内薬局か …… 34
医療機関と薬局は距離感が必要 …… 38

第2章　吹き出す分業への批判

繰り返される医薬分業批判……42
進化できない薬局と多すぎる薬剤師……45
これからは批判を受けるだけでは済まされない……54

第3章　薬局と薬剤師の実態

薬局薬剤師の平均年収は488万円……58
薬局の常勤薬剤師数は2人以下が半数以上……62
薬剤師アンケートの調査結果から……68

第4章　薬剤師はプロフェッショナルのはずではなかったのか

どれだけの国民が薬剤師の業務を理解しているのか……72

薬剤師が正しく就職先を選択できるようにするには……76
薬剤師はプロフェッショナルのはずだが……81
プロフェッショナルにとって重要なこと……84
プロフェッショナルには高い倫理観が求められる……87
薬局のガバナンス強化……90
自らの業務を広げるためには、自らの手で……92
薬剤師はジェネラリストが基本……96
優れた薬剤師は「薬剤師らしくない」……98

第5章　存在感を示すことができない薬局はいらない

上田は特別だと、いつまで言い続けるのか……102
名称は薬局でいい……108

薬局は地域のランドマークに……111
医療の質を高めることができない薬局はいらない……115
調剤報酬に縛られない薬局経営の必要性……118

第6章　コロナ後の薬局

一本足では、多様な地域住民の対応はできない……124
コロナ禍で薬剤師の存在感が希薄に……127
薬局もＢＣＰが必要……130
コロナ後の薬局に必要なこと……134
薬局に必要なのはＤＸよりＸだ……137

第7章　薬局と薬剤師は進化の途上だ

地域包括ケアにおいて薬局が果たすべき役割……142
薬局と薬剤師は進化する……146
おわりに……148

第1章

歪んだ分業

誰のための分業なのか

わが国の医薬分業は、マンツーマン薬局や門前薬局を主体にした独自の形式を背景に成長を続けてきた。

当初、政府や自治体、薬局団体などは、特定の医療機関に院外処方箋が集中しない〝面分業〟を推進しようとした。

しかし、面分業に対応しようとする薬局は、思うように院外処方箋の受け入れ枚数が伸びない中で、医薬品の数が増加し厳しい経営を余儀なくされるところが少なくなかった。

当時を知る薬局経営者の中には、「面分業にこだわったことで高級車1台分の資金を失った」と述べる人もいた。

このようなこともあり、わが国では薬局側の経営リスクが面分業の推進より低い、マンツーマン薬局や門前薬局が増加する流れが作られることになった。マンツーマン薬局は診療所に隣接し、門前薬局は病院の門前に開設され、大規模病院の前には門前薬局が軒を並べる光景も見られるようになった。

　病院については、政府の方針に従い院外処方箋の発行に踏み切ったことで、ファクス分業と門前薬局が入り乱れ、院外処方箋の取り合いをした。地域によっては、薬剤師会の会営薬局が基幹病院の門前に開設されるところもあった。

　診療所の医師の中には、政府が推進する「医療機関から薬剤費収入を切り離す」政策には従うが、自分が信頼する薬局経営者にのみ院外処方箋を受け取ってほしいとする人も少なくなかったことでマンツーマン薬局が全国的に増加することになった。当初、医師との関係があった製薬企業のプロパー（現ＭＲ）や、医薬品卸のセールス（現ＭＳ）などが脱サラをして薬局経営に乗り出し、地域において複数の店舗を展開するまでになった。

　しかし、マンツーマン薬局は、医師の年齢と共に患者数が減少し、長期的に見れば経営が厳しくなる。そのため後継者がいる場合や、医療ビル、医療モールのように医師の入れ替えがありうるようなところでなければ、人件費など販管費を抑制した経営を余儀なくされる。

このような薬局の中には、処方医との良好な関係を築くことができ、何でも話すことができるところと、処方医に対して満足な疑義照会ができないところがある。特に後者の関係の場合は、薬局経営者が、患者ではなく処方医のことばかりを気にかけていることもあり、そのため勤務薬剤師の中には、このことに不満を募らせ退職してしまう人もいる。

本来、医薬分業は患者のためにある。それがわが国では十分に浸透せずに普及した背景には、医薬分業がなくてはならない存在とすべての国民や医療従事者が強い思いを持って推進したのではなく、政府から強要されたからということがある。そのため患者の中には、医薬分業というシステムには従うが、あまり時間をかけたくないとする人も少なくない。

このような状況下で、門前薬局の中には店頭に「患者の待ち時間なし」と書かれたのぼり旗を掲げるところもあった。その光景は、日本でしか見られないものだ。医薬分業の趣旨からすれば、かけ離れた行為ではあるが、このような行為が患者に受け入れられることになってきたことに、日本の医薬分業の問題点が表れている。

患者のための医薬分業であったはずなのに、分業率が高まると共に患者が利便性を求め、薬局はそのことに応じることを第一義にしたことで、わが国の分業が歪んでいった。患者にとって薬剤師が薬剤の副作用などから自分を守ってくれる存在のはずなのに、薬剤師に多大な期待をせず、質問もせずに帰る患者、薬剤師も患者から質問をされないように紙に記載されたことを棒読みにし、会計を促すことを急ぐ構図がいつしかわが国では当たり前の光景として定着してしまった。

これでは、当然ではあるが、医薬分業が国民の満足度を引き上げる存在になり得ない。むしろ患者にとっては、薬局でお金を払って必要な薬剤をもらう儀式でしかない。

この状況を改善しない限り、医薬分業に対する根源的な不満は解消されることはないだろう。

調剤薬局という名称は他との差別化

もうかれこれ20年以上前だが、私は調剤薬局の経営者に「なぜ調剤業務しか行わないのですか。ＯＴＣ薬やヘルスケア品などは置かないのですか」と聞いたことがある。それに対して経営者は「調剤業務しか行わないのが、他との差別化だからです」と答えた。そのことに対して私は「自分たちの強みを失ってもいいのか。いずれそのことが差別化にならない時代が来る」と思った。

わが国では薬局の定義は「医薬品、医療機器等の品質、有効性及び安全性の確保等に関する法律」（以下薬機法）の第2条12項によって定義されている。

しかし、これまで薬局に関して、多くの名称が使用されてきた。

具体的には、保険薬局、基準薬局、かかりつけ薬局、健康サポート薬局、地域連携薬局、専門医療機関連携薬局が挙げられる。後者二つは薬機法改正によって新たに登場した名称で、２０２１年8月から認定が行われている。

このような状況にあって、多くの人が使っている名称は調剤薬局だ。この名称は、関係者の間だけではなく、多くの国民も日常的に使用している。ちなみに、内閣府が２０２１年2月12日に公表した「薬局の利用に関する世論調査」の結果では、健康サポート薬局を知っている人は８％程度だった。

このように新しい名称が次々と登場し、日本薬剤師会（以下日薬）や厚生労働省（以下厚労省）が普及促進に努めたものの、そのほとんどが国民に認知されることがなかった。

なぜそのような状態になってしまったのか。考えられることとしては、

①国民の多くが薬局の存在を重視していない
②調剤薬局のイメージが刷り込まれてしまった
③薬局の機能に関心を持っている人が少ない

などが挙げられる。

本来、面分業対応において薬局は、調剤業務以外にもＯＴＣ薬やヘルスケア品などの販売も行うことで、予防から治療まで幅広い事案に対応できる存在になるはずだった。加えてそのような薬局は、政策の経済誘導に過度に振り回されず、経営者が求め

る薬局像を確立するために努力をすることができた。

それに対して調剤薬局は、わずかなOTC薬やヘルスケア品を置いているにすぎず、院外処方箋を持ってなければ地域住民からは遠い存在だ。しかも調剤薬局は、経営状態が政府の調剤報酬改定によって大きな影響を受けることになった。これまでは、医薬分業推進の政府方針によって、多くの調剤薬局が安定した利益を確保することができた。多くの調剤薬局は自らの経営努力で安定した経営を維持することができたというよりも、政府の医薬分業推進という経済誘導によってその恩恵に浴したといえる。

そのため、このことに対する不満は、これまでも医薬分業及び薬局批判という形で、さまざまな場において取り上げられてきた。

最近、某医師会の会報の投稿欄に「調剤薬局の青年はフェラーリを乗り回している」というタイトルの投稿があった。これも調剤報酬を引き下げるべきだとの医師側からの意見なのだろうか。

現在、面分業対応薬局が数多く存在しているのは、長野県上田市である。ここに行けば、さまざまな面分業対応薬局を見ることができる。そのため上田市には、政治家や厚労省の幹部、財務省の官僚まで幅広い関係者が繰り返し薬局の見学に訪れている。上田市内の薬局の多くも、経営的には調剤報酬への依存度は高い。それでも多くの薬局は、OTC薬やヘルスケア品、化粧品や介護用品などを積極的に取り扱っている。地域住民が院外処方箋を持っていなくても気軽に訪問できる薬局の形が整えられている。

上田市の地域住民が日常的に薬局を利用し、薬剤師に対して健康相談等を行っている姿を見かけることがある。例えば若い母親などは、ヘルスケア品などを購入した際、知り合いの薬剤師に子供の健康相談をするなどし、日常生活を営むうえでの必要な存在として位置づけている。高齢者の中には、近隣にOTC薬を安価に購入できるドラッグストアがあっても、近くの薬局でOTC薬のパップ剤を何箱も購入していた。

地域住民は、薬剤師機能を理解し、有効に活用している。これが面分業の薬局の強みだ。

コンビニと調剤薬局の融合は、その多くが失敗している

大手調剤薬局クオールは、コンビニ大手ローソンと提携、調剤薬局とコンビニを融合した店舗展開を行った。だが、その数は大きく増加しておらず、全国各地にも広がっていない。なぜなのか。それは、薬局の存在は利便性を追求しているわけではないからだ。加えて、調剤薬局とコンビニのビジネスモデルは異なることも影響している。

本来、患者は医師から処方された薬剤について薬剤師から服薬指導を受け、自分の疑問点などを質問するなど一定の時間を有する。薬局は、コンビニのように必要なものを購入し、すぐに出ていく施設ではない。

大分県大分市にある大手調剤薬局と大手コンビニが作った店舗を見学したことがある。患者の待合スペースは長椅子に数人が座れるだけで、調剤室も狭く薬剤師が1人からせいぜい2人までくらいしか入れない。これでは患者のプライバシーを守ることはできないと思ったが、約1年後に大分市を再訪問した際に、あの薬局はあれからどうなったのか業界関係者に尋ねたところ、「撤退しました」との言葉が返ってきた。

ビジネスのあり方の違いについては、調剤薬局の場合は年収が高い薬剤師と比較的高額な薬剤を扱い、患者1人当たりの単価も高い。一方、コンビニは、低賃金のアルバイトを多く雇用し、単価の安いコモディティ商品を扱い、客単価も安い。見方によっては、水と油のようなものだ。どちらかというとコンビニは調剤を行わないドラッグストアのビジネスに近い。

地域住民や患者にとって、調剤薬局とコンビニが融合した店舗はそれほど魅力を感じるものではない。調剤薬局部門がコンビニの客を集客することはあっても、コンビニ部門が調剤薬局の患者を多く集患することはない。そのため調剤薬局とコンビニの融合店舗が全国的に増加しないのだ。まだドラッグストアのほうが調剤部門への集患力がある。だからこそドラッグストアは積極的に店舗内に調剤部門を開設しているのだが、調剤部門の広さが零細店舗並みのところが多い。

今後も調剤薬局とコンビニが融合した店舗が増加することはないだろう。むしろコンビニにとっては、宅配ロッカーなど宅配事業に関する業務を行ったり、薬局で処方された医薬品を受け取るロッカーを設置したほうが収益確保につながる。

大手調剤薬局は成長を続けてきた

毎年、上場企業の決算発表が行われる時期になると大手調剤薬局の業績が相次いで発表になり、業界紙だけではなく『日本経済新聞』など一般紙もにぎわせている。

日本経済のバブルがはじけて以降、多くの企業の業績が低迷することになった。そのような状況下においても、上場している大手調剤薬局は成長を持続し、日本医師会（以下日医）などからは、高い収益を確保していると指摘されてきた。

その一方で、証券アナリストなどからは、厳しい経済情勢下でも安定した収益を確保し続けていると、高い評価を得てきた。

大手調剤薬局の決算説明会には、多くの証券アナリストや業界紙の記者などが参加し、経営幹部にさまざまな質問が投げかけられ、これまでは総じて明るい見通しが語られてきた。

だが、新型コロナウイルス感染症の拡大と毎年薬価改定の実施による不透明感が強くなり、業績にも陰りが見え始めてきた。

大手調剤薬局の2020年度の調剤薬局関連事業売上と営業利益を見ると、最も売上高が高いのがアインホールディングスで、前年度比0・2％減の2631億円、営業利益が同5・6％減の192億円。次いで日本調剤の売上高は、同5・7％増の2440億円、営業利益が同8・2％増の105億円。三番手のクオールホールディングスについては、売上高が同2・9％減の1487億円、営業利益が同10・7％減の65億円となり、新型コロナウイルス感染症の拡大状況下でも、一定の収益を維持している。

最大手のアインホールディングスは、1993年5月に北海道旭川市に「第一薬局」（現アイン薬局豊岡店）を開局し、調剤薬局市場に本格参入を果たした。同グループの店舗数は、2021年3月現在で、1065店舗となっている。

二番手の日本調剤は、1980年3月に北海道札幌市に設立され、4月に「日本調剤山鼻調剤薬局」を開局した。現在の同グループ店舗数は、670店舗となっている。

三番手のクオールホールディングスは、1992年10月に東京都日本橋に医薬品の調剤及び販売を目的に設立された。こちらは、811店舗となっている。

三大調剤薬局以外の上位調剤薬局は、総じて同様に好調な業績を維持してきた。最近、そこに割って入ってきたのが、大手ドラッグストアの調剤事業である。ドラッグストアの雄であるウエルシアホールディングスは、調剤事業の売上高がクオールホールディングスを抜いて三番手となった。

大手調剤薬局がこれまで急速に成長してきたのは、門前薬局の展開とM&Aによるものである。特に全国の中堅調剤薬局チェーンをM&Aによって次々にグループ化し、店舗数を短期間で増加させたことが急成長につながった。

しかし、大手調剤薬局各社は、数年前から既存店の売上高の伸びが鈍化する傾向にあり、新規出店も抑制し、M&Aも一時ほど積極的ではなくなってきた。そこに今回の新型コロナウイルス感染症の拡大が発生し、新たな対応策を講じなければ安定成長を持続することが困難になってきた。

調剤報酬に関しては、医療業界だけではなく外部からも厳しい目が向けられるようになっており、これまでのような報酬の増加が期待できないような状況となっている。

通常の産業論で語れば、産業が成熟する方向に向かえば、企業は寡占化への道を歩むことになる。

だが、この論理が薬局にも当てはまるかは不透明だ。むしろ人口減少社会において店舗数が多いことは、スクラップアンドビルドにかかる経費が膨大になる可能性や人件費が重くなるおそれがある。この状況をいかにして潜り抜けるか、真の経営力が試されることになる。

ここで注目されるのは、大手調剤薬局トップのアインホールディングスはもちろん、それ以上に日本調剤やメディカルシステムネットワーク、スズケンの動きである。大手ドラッグストアでは、やはりトップのウエルシアホールディングスとそれを追うスギホールディングスに関心が寄せられる。

日本調剤は、政府が後発医薬品の使用促進に動き出した際に、いち早く後発医薬品の製造・販売を行う日本ジェネリックを傘下に設立し、常に行政当局の対応の先を走ってきた。業界内には同社に対する批判も根強くあるものの、企業としての対応力には一目置かざるを得ないというのが大方の評価ではないか。最近では、フォーミュラリー事業へも積極的に乗り出し、その部門のトップに増原慶壮氏（前聖マリアンナ医科大学病院薬剤部長）を据えるなど、機敏な対応を行っている。次の一手が気になる調剤薬局である。

メディカルシステムネットワークに関しては、なんといっても医薬品ネットワーク事業への参加調剤薬局の加盟件数の増加である。

現在（2021年3月31日）では、前年同期比16・6％増の6116件にまで成長した。そのことに伴い、医薬品発注高は同16・3％増の3917億円となった。今後、医薬品卸と納入価交渉が厳しくなれば、さらに加盟件数が増大することになる。

この加盟件数を背景に、新たな戦略を展開することができれば、他社にとって大きな脅威となるばかりではなく、独自の成長路線の確立を果たすこともありうる。だが、これまで好調に推移してきたネットワーク事業だが、業界再編がさらに加速し、薬局自体の数が減少することになれば、加盟件数が伸び悩むことも予想される。

スズケンは、4大医薬品卸の一角を占める企業である。2021年3月末現在では592店舗と、その数が足踏み状態にある。今後、調剤薬局の経営は、これまで以上に厳しさを増すだろう。その中にあってシームレスな医薬品サプライチェーンを確立するところに最も近いのが同社である。製薬会社から委託を受けたメーカー物流も同社の子会社が手掛けており、それらをつなぎ合わせ、デジタル技術を活用することで患者への多様なサービス提供を実現する可能性を秘めている。

ウエルシアホールディングスは、大手ドラッグストアのトップ企業として調剤事業にも積極果敢に挑戦している。都市型ドラッグストアに関しては、試行錯誤をしているものの、資金力を背景に新たな姿を模索している。今後、どこまでドラッグストアと調剤事業を融合させ、新業態を確立することができるのか注目される。

スギ薬局は、近年、特に関東や北陸などに本格進出をし、急速にその存在感を高めている。課題は、独自のドラッグストア像をどのように構築するのかである。今後、同社ならではの企業像をいかに確立できるかが、成長持続の鍵となるだろう。

次は大手ドラッグストアが参入

日本チェーンストアドラッグ協会（JACDS）は、2020年度版業界推計「日本のドラッグストア実態調査」の結果を公表した。

それによると、総売上高は8兆363億円となり、初めて8兆円を突破した。さらにドラッグストアにおける調剤額は1兆693億円となり、1兆円を突破した。

ここ十年、ドラッグストア各社が店舗内に調剤部門を積極的に開設する動きが活発化している。

それ以前のドラッグストアは、定年退職した薬剤師を1名程度雇い入れるくらいだった。それが調剤部門を積極的に開設するようになってからは、1店舗に複数の若い薬剤師を雇用するようになった。当初は、ドラッグストアは調剤業務ばかりではなく雑用もやらされるということなどから、薬学生には人気がない職場だった。そのため大手ドラッグストアは、調剤薬局より高額な給与を提示し、新卒の薬学生を雇用するようになった。今でも大手ドラッグストアは、薬学生にとって高額な給与をもらえる職場となっている。

大手ドラッグストアの調剤業務への対応は、積極的に取り組んでいるところと、そうでないところに二極化している。積極的に取り組んでいるドラッグストアとしては、ウエルシアやスギ薬局が挙げられる。2社とも調剤薬局の売上高ランキングで上位の一角を占めてきている。ツルハホールディングスやココカラファインなども、売上高では上位に食い込む様相だ。

これまでドラッグストアはM&Aを繰り返し、規模を拡大してきた。最近ではマツモトキヨシホールディングスとココカラファインが2021年10月に合併し、全国に3000店超の店舗網を持つことになった。

このようにドラッグストアは調剤薬局以上に大型合併が繰り返されており、今後も同様の合併が繰り返されることが予想される。

また、ドラッグストア各社は、店舗展開も積極的に行っている。

大都市の商店街などでは、大手ドラッグストアや地域のドラッグストアが近接して店舗を構え、激しい戦いを行っている。ドラッグストアの中には、医薬品やヘルスケア品、化粧品以外に食品、青果などを扱っているところも増加している。そのため地域によっては、ドラッグストアがスーパーマーケットのような役割を果たしている。別な見方をするならば、ドラッグストアは、経営のあり方が柔軟であるともいえる。

元々、ドラッグストアのビジネスモデルは安価なコモディティ品であるヘルスケア品を大量に販売し、利幅の高いＯＴＣ薬や化粧品で利益を上げるというものだった。そのため、給与の高い薬剤師を複数名雇用する調剤には乗り出さなかった。それが調剤薬局の成長を横目にし、さらなる成長のために調剤業務にも本格参入をすることになった。

多くの調剤薬局は門前薬局かマンツーマン薬局の形態だったが、ドラッグストアの調剤は面的な対応だった。買い物をした客は、ドラッグストアでも院外処方箋を受け付けてくれることを知り、自分の生活圏にあるドラッグストアに院外処方箋を持ち込むようになった。その傾向に拍車がかかり、多くのドラッグストアが、新店舗を開設するたびに調剤部門を設けるようになった。

今では、ドラッグストアに勤務する薬剤師も増加し、それぞれのドラッグストアが独自の研修システムを構築し、若手薬剤師の育成に努めるようになっている。過去には、医師の中には「薬局は病院薬剤部のようでなければ院外処方箋を出したくない。雑貨品などを扱う薬局は心配だ」という傾向があった。しかし現在では、そのようなことは薄らいでいる。

とはいえ、大手調剤薬局のように5名以上の常勤薬剤師を雇用するような店舗ではなく、零細規模の調剤部門が多く存在する。

今後、ドラッグストアの調剤部門においても、これまで以上に在宅医療やオンライン服薬指導に関わる必要に迫られるだろう。その際、どこまで踏み込んだことを行うかで、今後の広がりが変わってくる。

このようにドラッグストアも次のステージに対応できなければ、調剤部門を維持することが困難になる、あるいは不採算部門になりかねない。

今度は敷地内薬局か

最近、業界紙を読んでいると敷地内薬局という言葉が頻繁に登場するようになったことに気づく。

この言葉が使われるきっかけとなったのは、厚労省の保険局医療課長と保険局歯科医療管理官の連名で地方厚生（支）局医療課長等に2016年3月31日付で発出された「保険医療機関及び保険医療療養担当規則の一部改定等に伴う実施上の留意事項についての一部改正について」であった。

さらに同日、厚労省保険局医療課から地方厚生（支）局医療課か「保険薬局の指定について」の事務連絡も発出された。

同通知では「一体的な構造」の解釈を改め、行動等を介することを一律に求める運用を改め、原則、保険医療機関と保険薬局が同一敷地内にある形態も認めるとされている。

その一方で、「医療機関の調剤所と同様」とみなされる場合には、引き続き認めないとした。

同通知が適用された２０１６年10月１日以前は、厚労省は、病院と薬局を同一建物や敷地内に併設することを省令で禁止していたが、薬局の経営が病院と独立していることを前提に、敷地内への併設を認めることになった。

当初は多くの薬局が静観していたが、年々、敷地内薬局は増加傾向にある。

日薬が２０１８年９月に発表した数は、33都道府県64施設だったが、直近の調査結果（２０２０年12月10日付）では41都道府県１８６施設となり、前回調査より８都道府県１２３施設増となった。その内訳は、国公立病院が56件（前回調査時32）と最も多く、次いで診療所が32件（同10）、公的病院が31件（同19）、社会保険病院が４件（同４）、その他が63件（同24）となった。

大手調剤薬局のアインホールディングスや日本調剤は、積極的に敷地内薬局の開設を行っている。アインホールディングスが49店舗（２０２１年５月）、日本調剤は21店舗（２０２１年３月）となっている。

両社とも積極的に敷地内薬局の営業活動を行っており、その数は今後も増加するだろう。

当初、病院などが提示した敷地内薬局の事業者募集内容については、保険調剤薬局やコンビニエンスストア、保育所などだった。だが最近では、一部の大学病院が事業者提案施設のほかに入構ゲート装置の整備、厩舎や馬洗場の建て替え、馬場の整備、手術室の整備など、行き過ぎではないかと思えるような要件を提示している。それでも調剤薬局側からすると魅力があるようだ。そのような動きがエスカレートするようならば、利益供与になりかねない。

前述したように、年々大学病院や地域の基幹病院などが敷地内薬局を誘致する傾向が強まり、その数は増加している。

このような動きに対して関係者からは、「病院と同等の調剤報酬になるのではないか」との声も挙がっている。

だが、先に紹介したアインホールディングスと日本調剤の2社は、敷地内薬局の開設を積極的に行っており、否定論者とは異なる何かしらの意図があるのではないかとの意見もある。次回の調剤報酬改定で、敷地内薬局に対して方向性が示されるのか否かが注目される。

一方、敷地内薬局の増加は、門前薬局にとっては院外処方箋枚数が減少することにつながりかねない。

これまでのところ、敷地内薬局が開設されたことによって、多くの門前薬局が撤退したという声は聞こえてこない。

しかし、門前薬局としては敷地内薬局を誘致した病院の外来患者が減少することになれば、規模を縮小するだけではなく、撤退も考えなければならなくなる。薬局経営者とっては、未来も見据えた店舗戦略が求められることになる。さりとて自らが敷地内薬局を開設したとしても、その未来は不透明だ。ちなみにアインホールディングスは、一部の門前薬局を敷地内薬局に移転している。

医療機関と薬局は距離感が必要

本来、医療機関と薬局は、独立した存在だ。だが、どれだけの医師と薬剤師が独立した専門家という立場で、互いを認め合って仕事をしているのか疑問に感じることがある。

東京近郊の某支部薬剤師会を訪問し、薬局経営者の人たちと話をした際、ある薬局経営者が「あの先生には、疑義照会ができないよね」と述べると、別の経営者が「あの先生はすぐ怒るからね」と話すのを聞いて、何も変わっていないなと感じたことがある。

私の若い時に、高名な薬局経営者が「昔の分業を例えると、医師が噛んでいたガムを吐き出したのを薬剤師が拾って石ころを取り除き、それを口に入れるようなものだった」と話すのを聞いたことがある。今でもそのような薬局が存在している。

これが日本の医薬分業の成熟した姿なのか。だから分業批判が今でもなくならないのだ。

この背景にあるのは、多くの薬局薬剤師が患者との信頼関係を築くことができていないということだ。診療所の医師は、「私の患者」と言うのに、薬局薬剤師の多くは「私の患者」と言うことがない。それだけ診療所の医師のほうが、患者との信頼関係を築くことに努力している。

某病院の看護部長が開業した医師と話をした後に、私に「あの先生も病院にいた時、今のように患者さんを大事にしてくれたらよかったのにね」と怒りつつ話していたのを覚えている。診療所の医師は、経営のことを考えると、患者との信頼関係を構築することを重視しなければならないと思っているからだ。それが「私の患者」という言葉になって表れる。

わが国の薬局は、医療機関に依存した経営体質になっているところが多いことから集患に寄与していない。そのため、どうしても医療機関側より患者との関係が希薄になりがちだ。まれにそのような薬局の中にも、その人の個性で患者とのコミュニケーションを重視し、患者から信頼を得ている薬剤師もいる。だが、そのような薬剤師が増えない。

本来、薬局薬剤師も医師へ対する疑義照会などを行う際には、患者を背負っているということを自覚し、専門家として話をすべきだ。薬剤師が患者との信頼関係を構築できなければ、医師の言葉しか聞かなくなる。そして、形骸化した服薬指導しかできないことになってしまう。

このようなことから、あるべき医薬分業を行うためには、医療機関も薬局も独立した立場から適度な距離感を保ちつつ、患者を背負い専門家の立場から業務を行う必要がある。特に薬局薬剤師は、医師個人の発言におびえるのではなく、患者にとって必要とされることを迅速に伝え、その結果を得られるようにしなければならない。それができない薬局は、医療機関からの院外処方箋を受け付けるべきではない。

第2章

吹き出す分業への批判

繰り返される医薬分業批判

２０１８年７月５日、厚労省の厚生科学審議会・医薬品医療機器制度部会で、薬機法改正の検討テーマとなっている「薬局・薬剤師のあり方」について議論が行われた。厚労省は、薬機法改正に向けた論点案として、①薬剤師による情報提供及び薬学的知見に基づく指導の強化、②薬剤師の対人業務を推進するための方策、③地域における医薬品提供体制を確保するための薬局の体制整備、④薬局の組織ガバナンスの確保――を挙げた。

このように薬局・薬剤師の見直しが行われる中で、山口育子委員（認定ＮＰＯ法人ささえあい医療人権センターＣＯＭＬ理事長）からは「医薬分業率は上昇したが、そのメリットをあまり感じられていないことが問題」との指摘があり、中川俊男委員（日本医師会副会長・当時）からも「医薬分業自体を見直す時期に来ている。院内処方に回帰する議論があってもいい」との指摘があった。

この他の医薬分業をテーマにした政府の各種委員会においては、「医薬分業が普及し、調剤医療費も大きく伸びたにもかかわらず、技術料に見合った成果を多くの国民が感じることができていない」と厳しい指摘が繰り返し行われている。このことは、医薬分業率の伸びとその評価が相関していないと指摘されたこととも等しい。

また、薬剤師側からも、現在の医薬分業について「自分だけ儲けて投資をしていない」「多くの調剤薬局は政府の経済誘導によって利益を上げることができているのであって、決して経営をしているわけではない」などという声が挙がっている。

このように医薬分業率が70％を突破し、本来ならば成熟期に到達したはずの医薬分業への批判がやまないのは、国民が強く望んだのでもないのに政府の政策誘導で成長してきた調剤薬局に対する不満も大きく影響している。上場会社の決算発表シーズンになると、大手調剤薬局や調剤事業を積極的に展開する大手ドラッグストアの好決算が、業界紙やマスコミ各紙などで紹介されるようになった。当該企業としては企業努力の結果としているのだろうが、「医療保険制度に守られて過大な利益を享受している」と見ている人たちもいるということを忘れないでほしい。

事実、医療機関側からは、「診療報酬は厳しい状況が続いているのに、調剤医療費は堅調に推移している」「大手調剤薬局やドラッグストアが好調な収益を上げている」「医療費抑制に何ら貢献していない」などが指摘され、厳しい目が向けられている。これら医薬分業批判は、診療報酬改定が近づくとそのトーンが上がり、繰り返されてきた。それでもこれまでは、何とか日本薬剤師会（以下、日薬）は厳しい状況下で調剤報酬を得ることができた。だが、今回は新型コロナウイルス感染症拡大によって多くの病院が疲弊しており、これまでと異なる状況となることもありうる。

コロナ禍でマスコミ各社の報道には医療機関が頻繁に取り上げられているが、薬局や薬剤師に関してはまれである。最近では国民への新型コロナウイルス感染症ワクチン接種において、積極的に薬局薬剤師を活用すべきだという声が聞かれるようになったくらいだ。それでも、大阪府ではワクチン接種会場における薬剤師の活用、長野県上田市の薬局はワクチン接種予約の代行業務などを行い、地域住民から喜ばれている。さらに、東京・墨田区内の薬局は、墨田区や医師会と共に自宅療養中の新型コロナ患者に対して治療薬を届ける「自宅療養支援薬局」活動を行い、区内の29薬局が協力し、重症化防止に努めている。

進化できない薬局と多すぎる薬剤師

２０１５年10月23日、厚労省は「患者のための薬局ビジョン〜『門前』から『かかりつけ』、そして『地域』へ〜」をまとめ、公表した。ここでは、①医薬分業のこれまでの経緯、②かかりつけ薬剤師・薬局の今後の姿、③薬局再編の全体像、④かかりつけ薬剤師・薬局の実現に向けた具体的な対応、⑤ビジョン実現のための主な政策―についてまとめられた。

同ビジョンでは、患者本位の医薬分業の実現を目指し、かかりつけ薬剤師・薬局の姿を明らかにすると共に、業界再編の項において２０２５年とさらに10年後の２０３５年に向けた薬局のあるべき姿に関して提言を行った。このように厚労省が薬局の再編に踏み込んだ部分を盛り込んだことは、注目に値する。

具体的には、薬局薬剤師がこれまで以上にかかりつけ薬剤師としての役割を発揮するため、２０２５年までのなるべく早い時期に従来の対物業務から、処方内容のチェック、多剤・重複投薬や飲み合わせの確認、医師への疑義照会といった対人業務にシフトすることを求めた。さらに業界再編においては、各薬局がそれぞれにかかりつけ機能を充実させることとし、自局のみで機能を果たせない場合には地域で連携し、かかりつけ薬局の機能を果たしていかなければならないとした。

同ビジョンでは、かかりつけという言葉が繰り返し使われた。ちなみに辞書の『スーパー大辞林』（三省堂）によると、かかりつけ薬局は「医薬分業の主旨に従い、患者の自宅付近で薬歴管理や服薬の指導をする薬局」と記されており、その反対語として門前薬局が挙げられている。このことから同ビジョンを実現するためには、少なくとも門前薬局や患者の自宅から離れた調剤薬局との関係性については見直す必要があるということを示していると理解することもできる。

しかし、多くの薬局経営者や薬剤師はそのように考えていない。現在の状況を容認したうえで、対物業務から対人業務へのシフトのことや、健康サポート薬局のことばかり重視している。これはまるで、レールが引いてない道に電車を走らせる、あるいは滑走路がないところでジェット機を飛ばそうとしているようにも見える。

同ビジョンが公表されてから約5年が経過した。このような状況下において

2021年2月12日、内閣府は「薬局の利用に関する世論調査」の結果を公表した。

この調査は、全国18歳以上の日本国籍を有する者3000人を対象に郵送によるアンケート形式で実施され、有効回収数が1944人（回収率64・8％）となった。その中で注目される部分をいくつか取り上げてみる。

まず、「利用している薬局の薬剤師による薬の説明や相談への対応の満足度」については、「やや満足している」が全体の52・0％を占めて最も多く、次いで「とても満足している」が33・3％、「あまり満足していない」が7・2％、「満足していない」が1・3％の順となった（図1）。

「薬局を1つに、薬剤師を1人に決めているか」については、「病院や診療所ごとにその近くにある薬局に行く」が全体の57・7％を占めて最も多く、次いで「薬局は1つに決めているが、かかりつけ薬剤師は決めていない」が18・4％、「特に決めていない」が13・7％、「かかりつけ薬剤師・薬局を決めている」が7・6％の順となった（図2）。

図１　薬局・薬剤師について
—薬局・薬剤師の満足度

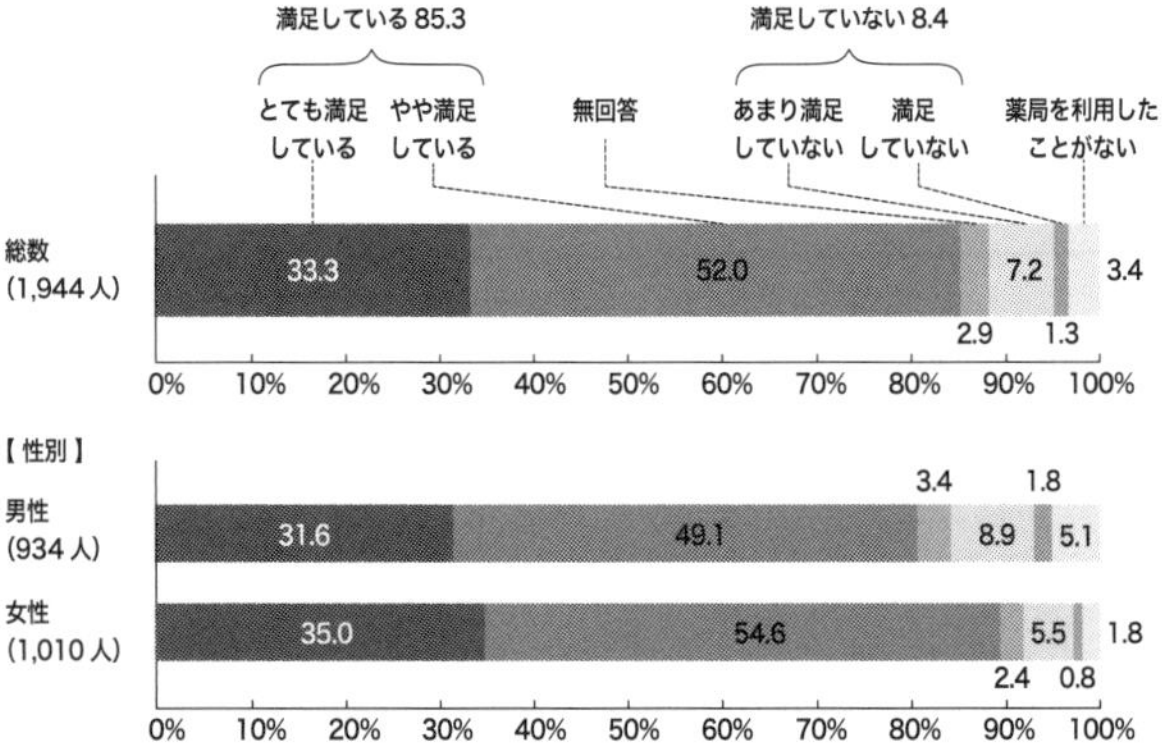

出典：内閣府「薬局の利用に関する世論調査」

図２　かかりつけ薬剤師・薬局に求める役割について
—薬局を１つに、薬剤師を１人に決めているか

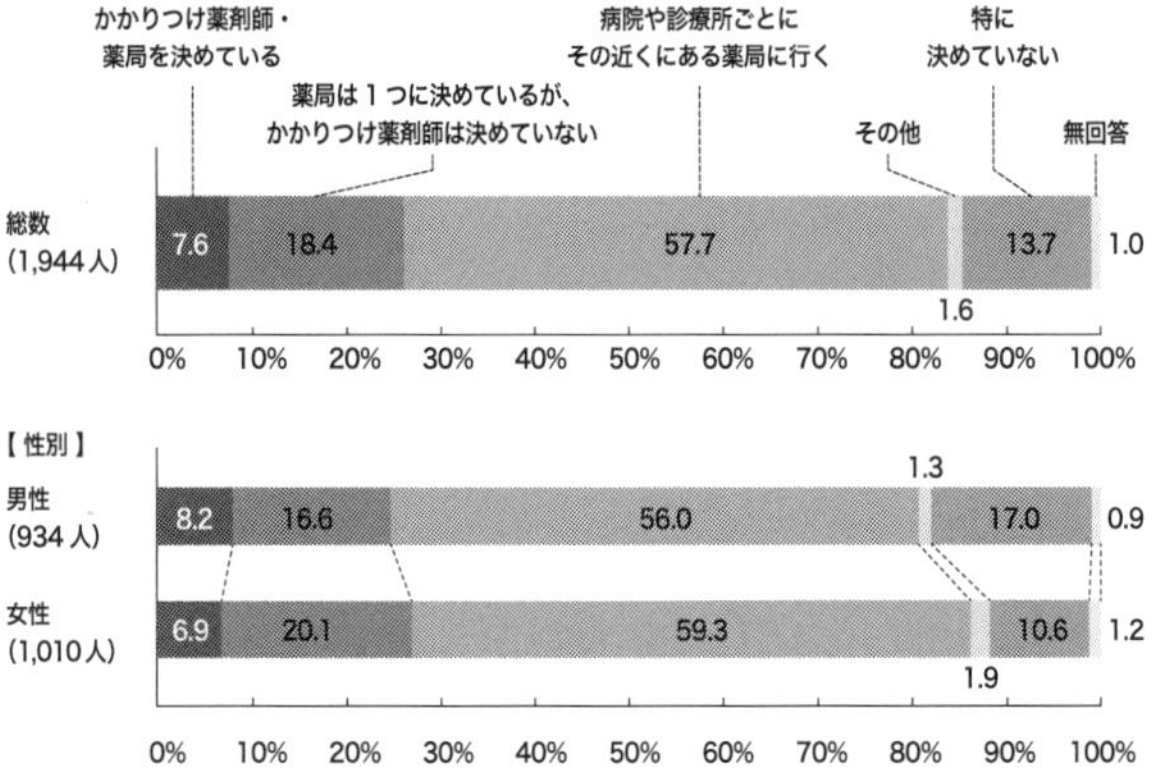

出典：内閣府「薬局の利用に関する世論調査」

図３　かかりつけ薬剤師・薬局に求める役割について
―かかりつけ薬剤師・薬局を決めたいと思うか

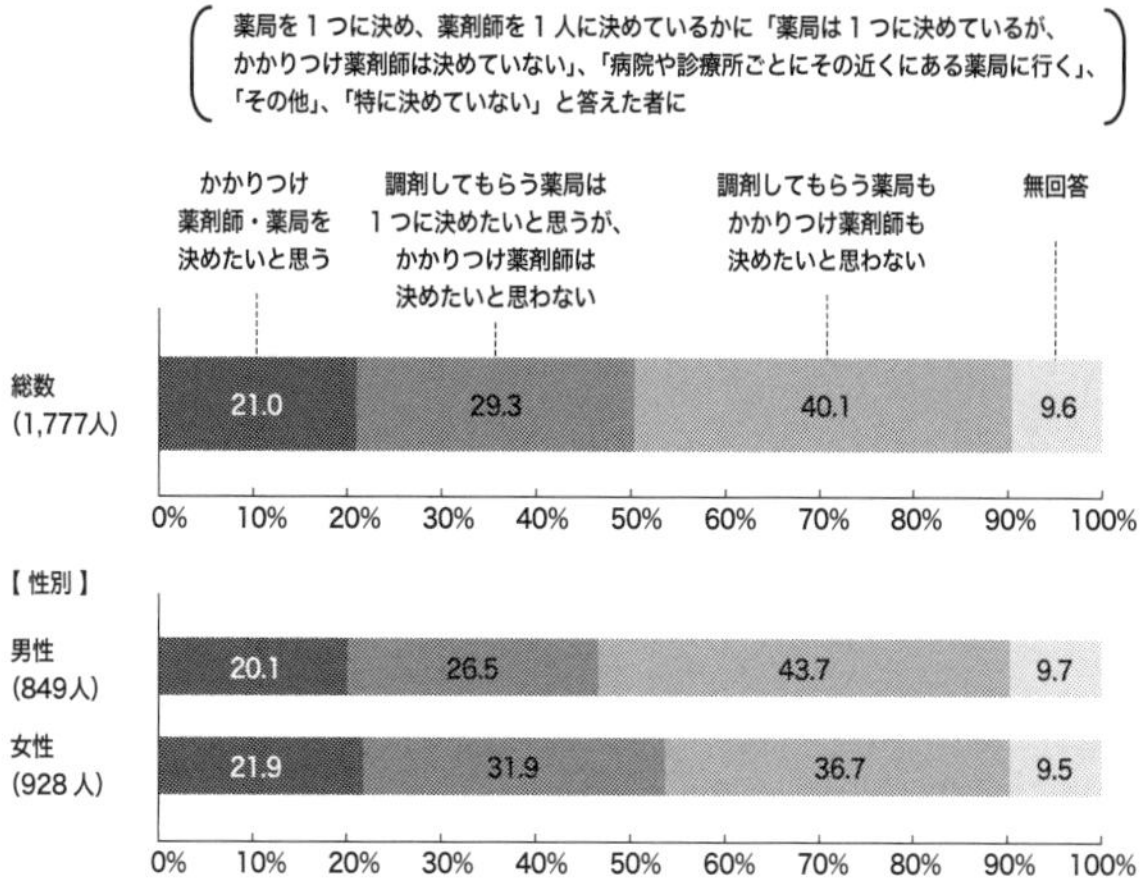

出典：内閣府「薬局の利用に関する世論調査」

図４　健康サポート薬局に求める役割について
―健康サポート薬局の認知度

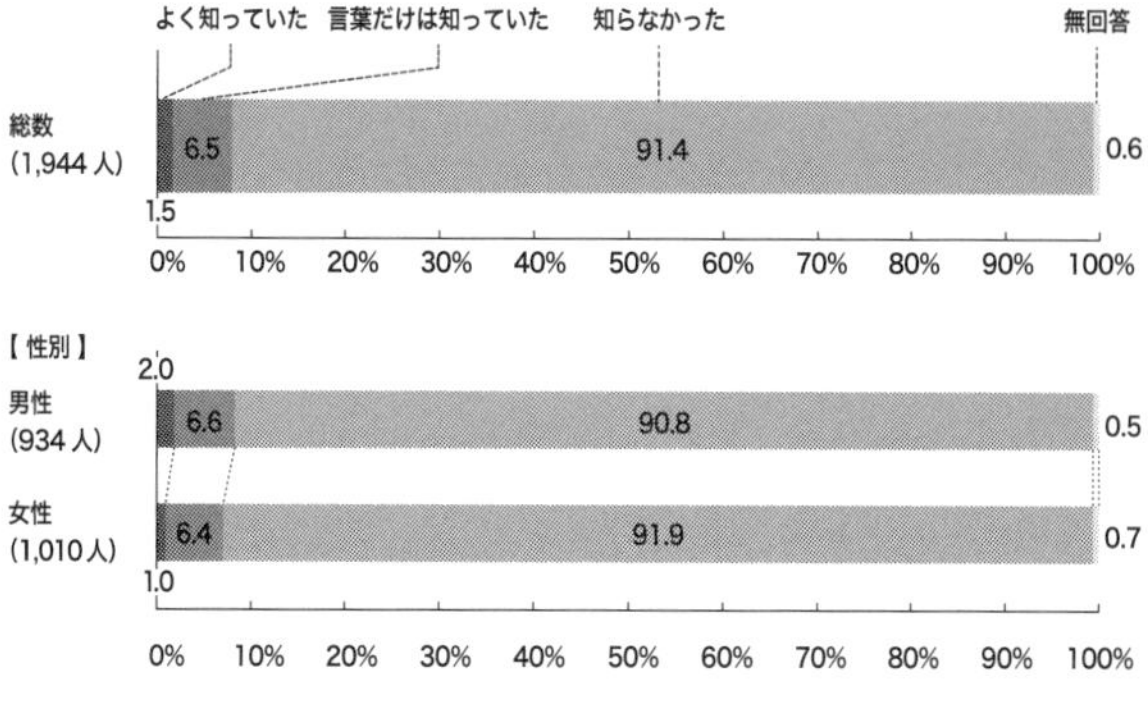

出典：内閣府「薬局の利用に関する世論調査」

「今後、かかりつけ薬剤師・薬局を決めたいと思うか」については、「調剤してもらう薬局もかかりつけ薬剤師も決めたいと思わない」が全体の40・1％を占めて最も多く、次いで「調剤してもらう薬局は1つに決めたいと思うが、かかりつけ薬剤師は決めたいと思わない」が29・3％、「かかりつけ薬剤師・薬局を決めたいと思う」が21・0％の順となった（図3）。

「健康サポート薬局について知っていましたか」については、「知らなかった」が全体の91・4％を占めて最も多く、次いで「言葉だけは知っていた」が6・5％、「よく知っていた」が1・5％の順となった（図4）。

同ビジョンが公表されてから約5年が経過したが、国民の多くはかかりつけ薬局やかかりつけ薬剤師を必ずしも必要としていないということが明らかになった。

さらには、健康サポート薬局に関してその数が2160件（2020年6月30日現在、厚労省調べ）にまで増加しているにもかかわらず、国民の認知度は低いということも明白だ。

この結果をどう見ればいいのか。「医薬分業は失敗だった」と結論づければいいのか。決してそうではない。

私は、これまで多くの薬局経営者や薬局薬剤師と話す機会をもち、薬局を見学してきた。そのことから類推すると、かかりつけ薬局やかかりつけ薬剤師に批判的な国民の多くは、薬局薬剤師の真の機能を理解していないからだと考察している。薬剤師の機能を広く知ってもらうためには、薬局薬剤師にとってなくてはならない物（ハード）や人（ソフト）を確保することが必要なのだ。

つまり、薬局薬剤師が、多様なニーズを持った地域住民や患者に対して適切なコンサルティング機能を発揮するための、十分なバックヤードを確保し、彼らを補佐するＩＣＴ（情報通信）機器などが不可欠ということだ。

日本では、多くの小売店が全体面積のうち多くの部分を売り場面積としている。だが小売店にとって最も重要なことは、バックヤードの充実である。もちろん薬局も同様だ。

患者や消費者から見えない部分、例えば在庫スペースや職員の休息スペース、自家発電機置き場の設置などを充実させることだ。このことにより、薬剤師や店員は、患者や消費者に集中して対応することができる。欠品の発生を最小限にすることで、患者や消費者のストレスや薬局に対する不満を抑制することができる。

このことについて、私は日薬の「薬局のグランドデザイン」作成時から言い続けてきた。患者や消費者、さらには薬局薬剤師にとっても利益となることが進まないのはなぜなのか。

ここで書き添えなくてはならないのは、バックヤードを充実させることと同様に、売り場等における患者や地域住民のプライバシーにも配慮した広さも担保しなければならないということだ。

大手調剤薬局や大手ドラッグストアの中には、それなりの利益を上げているにもかかわらず、バックヤードや店舗の広さを確保していないところもある。そのような環境下で得られた利益は、十分な社会的使命を果たしたうえでのものとはとても言えない。見方を変えれば、大手調剤薬局や大手ドラッグストア各社は長年にわたり、利益を上げ続けてきた。新店舗やM＆Aのための投資を行ってきたものの、患者や地域住民のための対応が不十分な店舗を残し、最も重要な投資をなおざりにしてきたのではないだろうか。

とかく業界内では、店舗の数が取り上げられることはあっても、店舗の広さやバックヤードの充実度について重視した発言はほとんどない。しいていえば大手調剤薬局の中では、日本調剤のみが出店店舗の大型化を重視した発言をしている。

大きければいいというわけではないが、新型コロナウイルス感染症患者への対応も満足に行えないような狭い薬局や商品が優先のドラッグストアでは、患者や地域住民に対して多様な対応ができない。今後も新型コロナウイルス感染症と同様の問題が発生するとしたならば、常に非常事態への対応は不可欠であり、患者や地域住民の安全・安心が脅かされる場所であってはならない。

ここに挙げたことだけでも、薬局や薬剤師がかかりつけ薬局・薬剤師になるための課題は多い。しかし、課題が多いということは、薬局や薬剤師が進化することができるということでもある。このことを成長の絶好の機会として、課題解決に積極的に取り組んだところのみが生き残り、そうでないところが存続することができなくなるということを意識してほしい。それが薬局の質の向上につながる。

これからは批判を受けるだけでは済まされない

日本の少子高齢化の進展に歯止めがかからない。さらに、医療費や介護費も増加の一途をたどっている。

このような状況下で医薬分業への批判が続くことになれば、業界全体がこれまでとは異なる厳しい対応を余儀なくされかねない。どれだけの業界関係者が、そのことを認識しているのだろうか。

調剤報酬に関しては、毎回、「今年こそこれまでになく厳しい改定になるのではないか」と叫ばれてきたが、ふたを開けてみたら本体でプラス改定を維持することができてきた。ここまで来ると調剤報酬の厳しい改定を予想する発言は、「オオカミが来るぞ」のように聞こえてくる。そのことが業界関係者の危機感を削いでいるのではないか。

しかし、新型コロナウイルス感染症の急速な拡大と長期化によって、日本の財政状況が急速に悪化している。

現時点の経済状況等を勘案すると、新型コロナウイルス感染症の拡大前の状況に戻ることは非常に困難であり、基礎的財政収支（プライマリーバランス）も黒字化する道がはるかに遠のいてしまっている。そのため、政府としては、今後も国民の批判が高まらない部分の抑制強化を図る動きを強めることが予想されうる。

そのことからすると、調剤報酬はどうなるのか。マイナス改定となれば患者の負担軽減にもつながるといえるのだが、時の政府はどのような判断を下すのか。

また近年、診療報酬についても米国ほどではないものの、P４P（Pay for Performance）的な評価払いを意識した対応が取られるようになってきている。そのような動きが調剤報酬にも取り入れられることになれば、通り一遍の対応に終始してきた薬局は、経営状態が悪化することになりかねない。

さらには今後、医薬分業が医療費適正化にどのように貢献するのかということも、厳しい財政運営を余儀なくされている日本では、多くの国民の関心事になることも予想される。薬局や調剤事業を行うドラッグストアは、自分たちのみが利益を得ていることに対して手放しでは喜んでいられない状況に追い込まれるのではないか。

このようなことから、薬局や調剤事業を行うドラッグストアはコロナ後の新常態において、それ以前のような対応を見直していかなければ、安定した利益を確保することが困難になるだろう。

そのため、前述したように、薬局や調剤事業を行うドラッグストアは、患者や地域住民をしっかりと見据えた〝患者中心〟の経営が不可欠になる。その意味では薬局や調剤事業を行うドラッグストアは、今まさに大きな転換点にあるといえる。このことを理解し、進化を積極的に行うところのみが生き残ることができる。

第3章

薬局と薬剤師の実態

薬局薬剤師の平均年収は488万円

2021年6月4日、厚労省は2020年度に実施した薬剤師の大規模アンケートの調査結果（以下薬剤師アンケート調査結果）の一部を「薬剤師の養成及び資質向上等に関する検討会」に示した。

それによると薬局薬剤師の年収は「500～600万円未満」が全体の21・6％を占めて最も多く、次いで「600～700万円未満」が同17・9％、「700～1000万円未満」が同14・8％の順となった。ちなみに、「1000万円以上」は同2・3％だった。平均は488万円となった（図5）。

一方、病院薬剤師では「400～500万円未満」が全体の29・7％を占めて最も多く、次いで「500～600万円未満」が同25・7％、「700～1000万円未満」が同16・3％の順となった。平均は512万円となった（図6）。平均では病院薬剤師の年収が薬局薬剤師の年収を上回ったものの、全体的に見ると若手では薬局薬剤師のほうが病院薬剤師より年収が高いのではないかと推測される。

図５ 【薬局】 職場環境・制度等［年収（金額分布）］

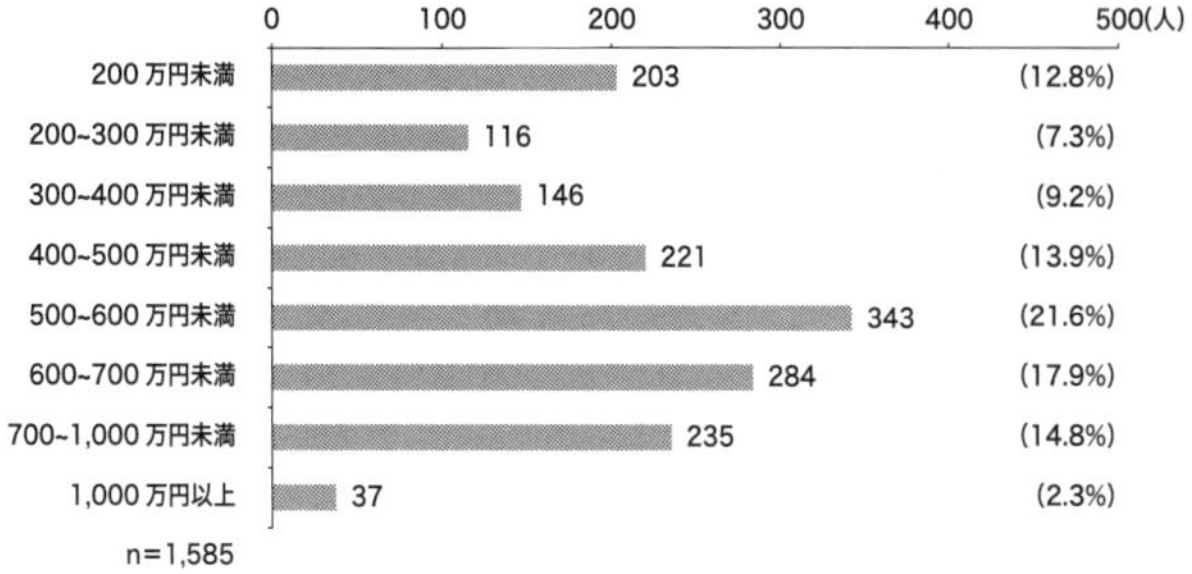

調査対象は常勤薬剤師及び非常勤薬剤師

出典：厚生労働省 第９回薬剤師の養成及び資質向上等に関する検討会資料
「薬剤師の需給動向把握事業における 調査結果概要」

図６ 【病院】 職場環境・制度等［年収（金額分布）］

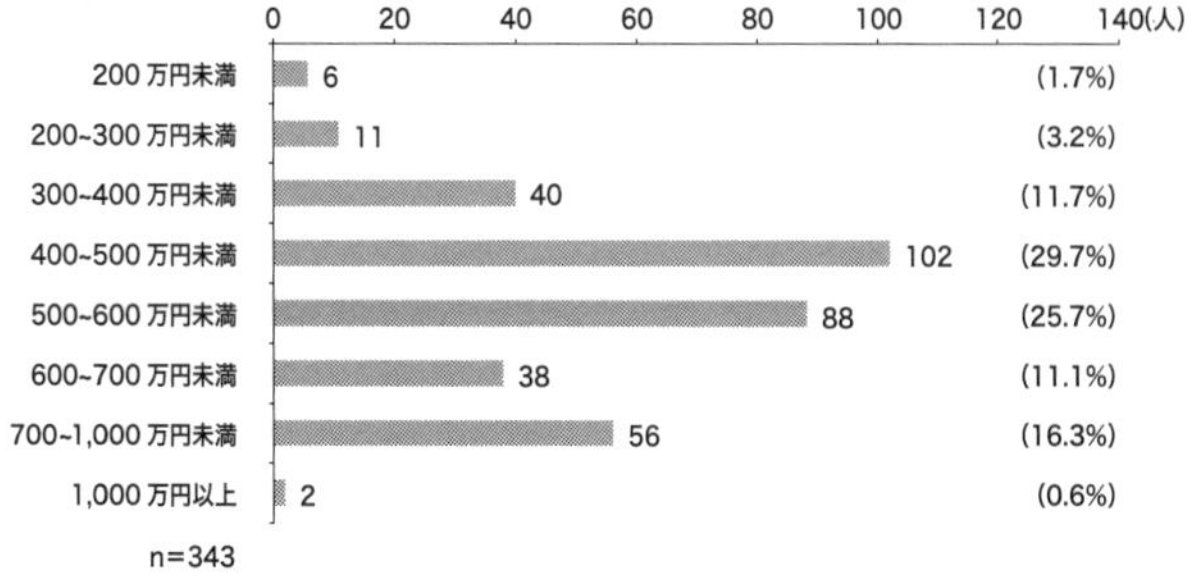

調査対象は常勤薬剤師及び非常勤薬剤師

出典：厚生労働省 第９回薬剤師の養成及び資質向上等に関する検討会資料
「薬剤師の需給動向把握事業における 調査結果概要」

また、キャリア選択の質問に対して薬局を選択した薬剤師は、「働きがいがあると思ったため」が全体の27・4％を占めて最も多く、次いで「患者との距離が近いと思ったため」が同13・3％、「シフトや勤務時間の融通が利くため」が同12・2％、「初任給が高かったため」が同9・9％の順となった（図7）。

これに対してキャリア選択の質問について病院を選択した薬剤師は、「働きがいがあると思ったため」が全体の48・6％を占めて最も多く、次いで「専門性の高い業務に関われるため」が同12・6％、「チーム医療・多職種連携に興味があったため」が同11・0％、「病棟業務に興味があったため」が同5・6％の順となった（図8）。

このことからキャリア選択については両者共に「働きがいがあると思ったため」が最も多かったが、薬局を選択した薬剤師は、病院を選択した薬剤師と比べると圧倒的な多さではなかった。さらに薬局を選択した薬剤師のほうが、病院を選択した薬剤師より自由度があることを好み、給与が高いところを主な選択理由としたことがうかがえる。

図７ 【薬局】 キャリアステップ（薬局選択理由）

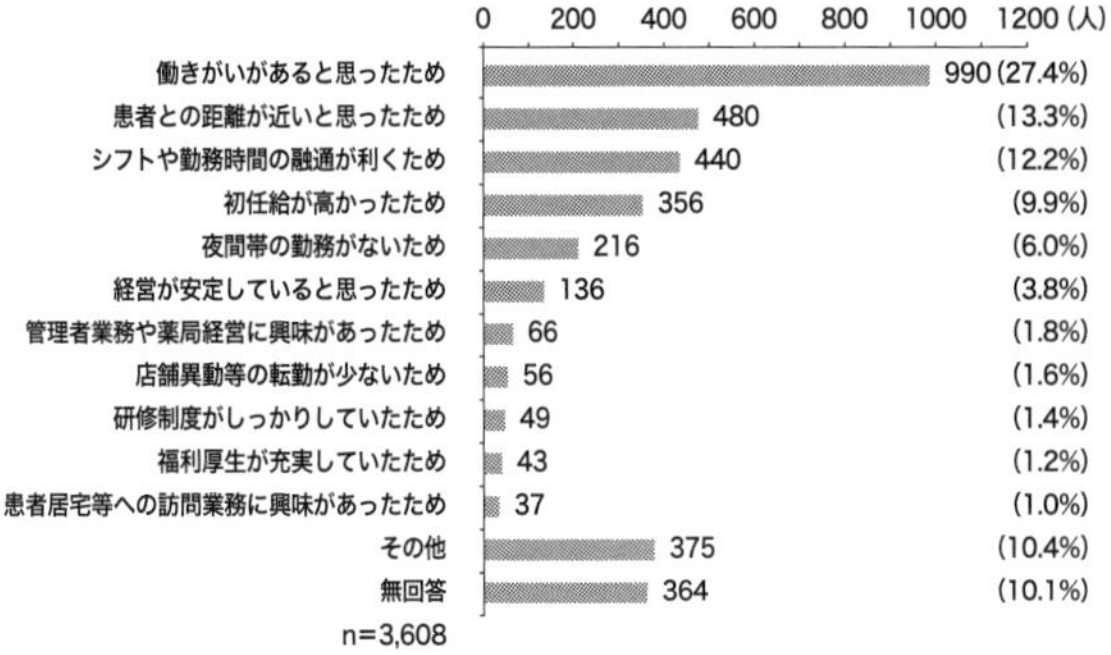

出典：厚生労働省 第９回薬剤師の養成及び資質向上等に関する検討会資料
「薬剤師の需給動向把握事業における 調査結果概要」より一部抜粋

図８ 【病院】 キャリアステップ（医療機関選択理由）

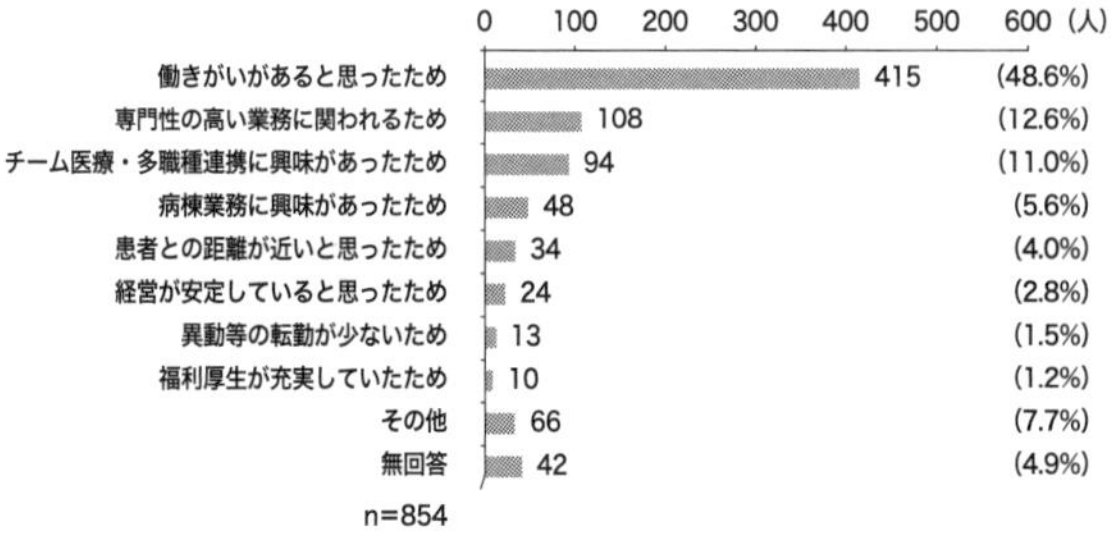

出典：厚生労働省 第９回薬剤師の養成及び資質向上等に関する検討会資料
「薬剤師の需給動向把握事業における 調査結果概要」より一部抜粋

薬局の常勤薬剤師数は2人以下が半数以上

日本の薬局の多くは小規模といわれてきたが、そのことが明らかになった。薬剤師アンケート調査結果では、常勤薬剤師数と非常勤薬剤師数の人数について聞いている。その結果、常勤薬剤師数は1人が全体の32・9%を占めて最も多く、次いで2人が同29・2%、3人が同14・8%、4人が7・1%、5人以上が7・1%となった。それに対して非常勤薬剤師数は1人が全体の25・1%を占めて最も多く、次いで2人が同14・3%、3人が同7・6%、4人が4・2%、5人以上が6・0%となった（図9）。

この結果から薬局の常勤薬剤師は2人以下が半数以上を占め、非常勤薬剤師も3人以下が半数近くを占めており、多くの薬局が小規模な薬局となっていることがわかる。これでは厚労省が薬局に対して求めている地域社会への貢献など、幅広い対応は困難だ。中には支部薬剤師会単位で地域での活動を実施するところもあるが、強い結束力がなければ長期にわたり維持することが容易ではない。

ちなみに今回のアンケート調査では、適切な充足人数の総数（常勤換算）について

図９　【薬局】　人員・勤務体制（薬剤師の職員数）

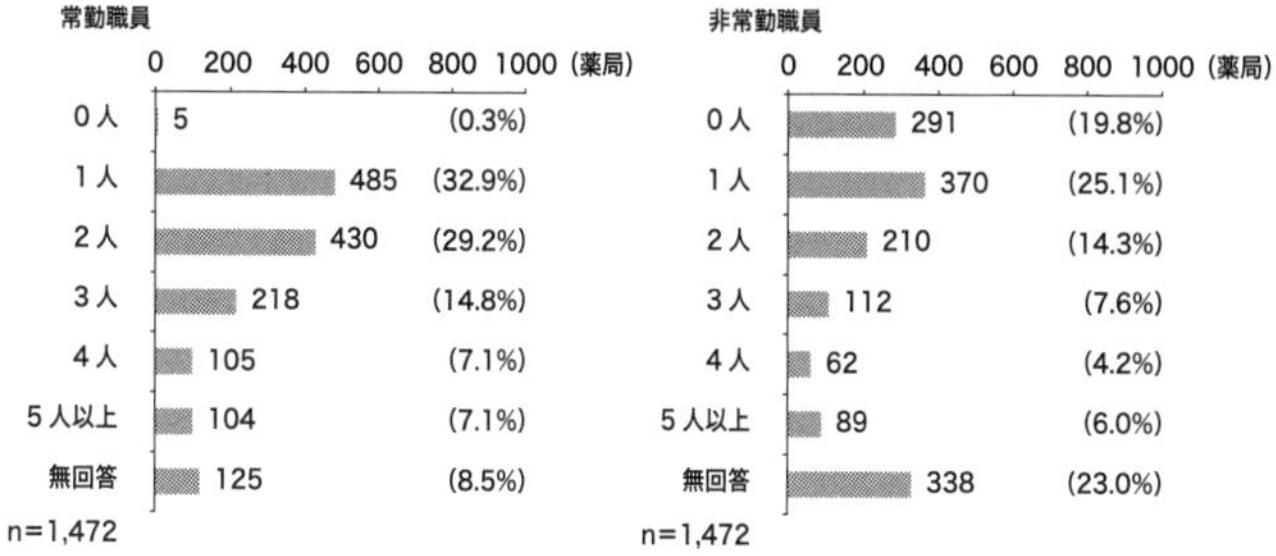

出典：厚生労働省 第９回薬剤師の養成及び資質向上等に関する検討会資料
「薬剤師の需給動向把握事業における 調査結果概要」

図 10　【薬局】　人員・勤務体制（適切な充足人員総数）

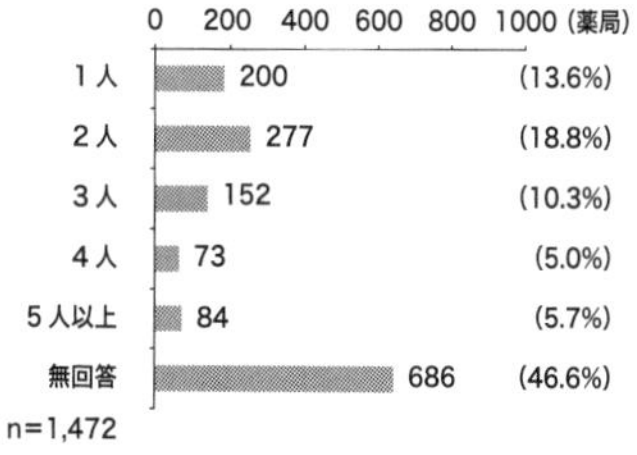

出典：厚生労働省 第９回薬剤師の養成及び資質向上等に関する検討会資料
「薬剤師の需給動向把握事業における 調査結果概要」

も聞いており、回答で最も多かったのは2人で全体の18・8％を占めて最も多く、次いで1人が13・6％、3人が同10・3％、4人が5・0％、5人以上が5・7％となり、小規模で対応できるとしている（図10）。この背景には、診療所のマンツーマン薬局の多さが影響していると推測される。

次に薬局薬剤師の勤務形態について見ると、常勤薬剤師が73・1％を占め、非常勤が同25・7％となり、先の常勤薬剤師の人数を加味すると小規模薬局が多いことがあらためて確認できる（図11）。

ちなみに病院薬剤師の場合は、常勤薬剤師が92・7％を占めた（図12）。

薬局の医療用医薬品の取扱品目数は、1000〜1499品目が全体の36・3％を占めて最も多く、次いで500〜999品目が同20・3％となった。2000品目以上は499品目以下より少ないわずか同6・0％だった（図13）。

面分業に対応する取扱品目数は、最低でも2000品目以上、できれば3000品目以上必要といわれている。

そのことを考慮すると、多くの薬局が門前やマンツーマン薬局となっていることを

図 11 【薬局】 人員・勤務体制（薬剤師の勤務形態）

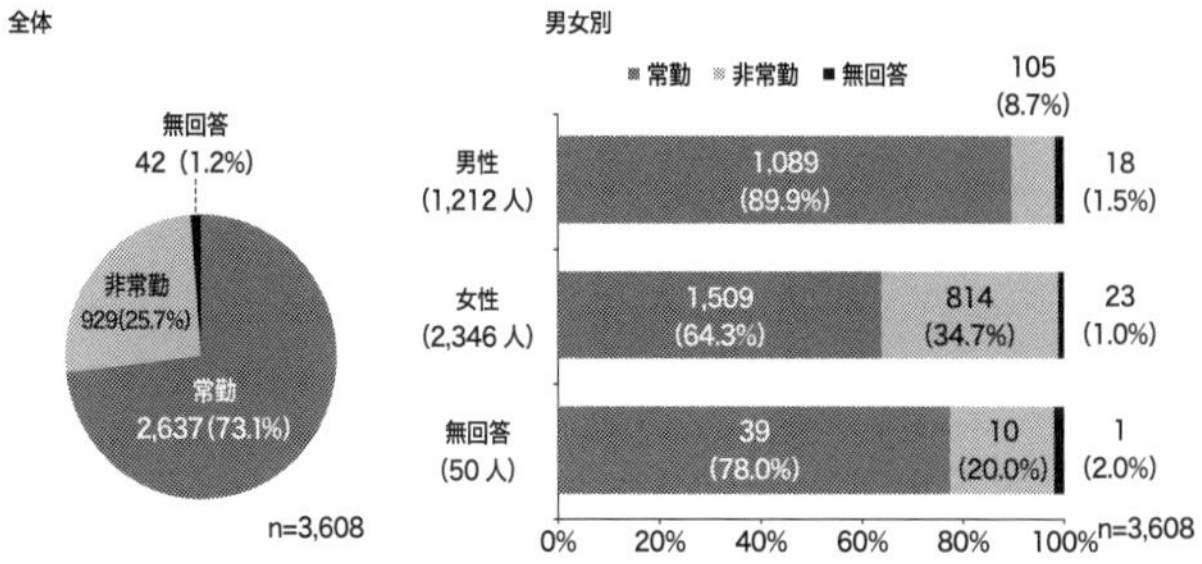

出典：厚生労働省 第 9 回薬剤師の養成及び資質向上等に関する検討会資料
「薬剤師の需給動向把握事業における 調査結果概要」

図 12 【病院】 人員・勤務体制（薬剤師の勤務形態）

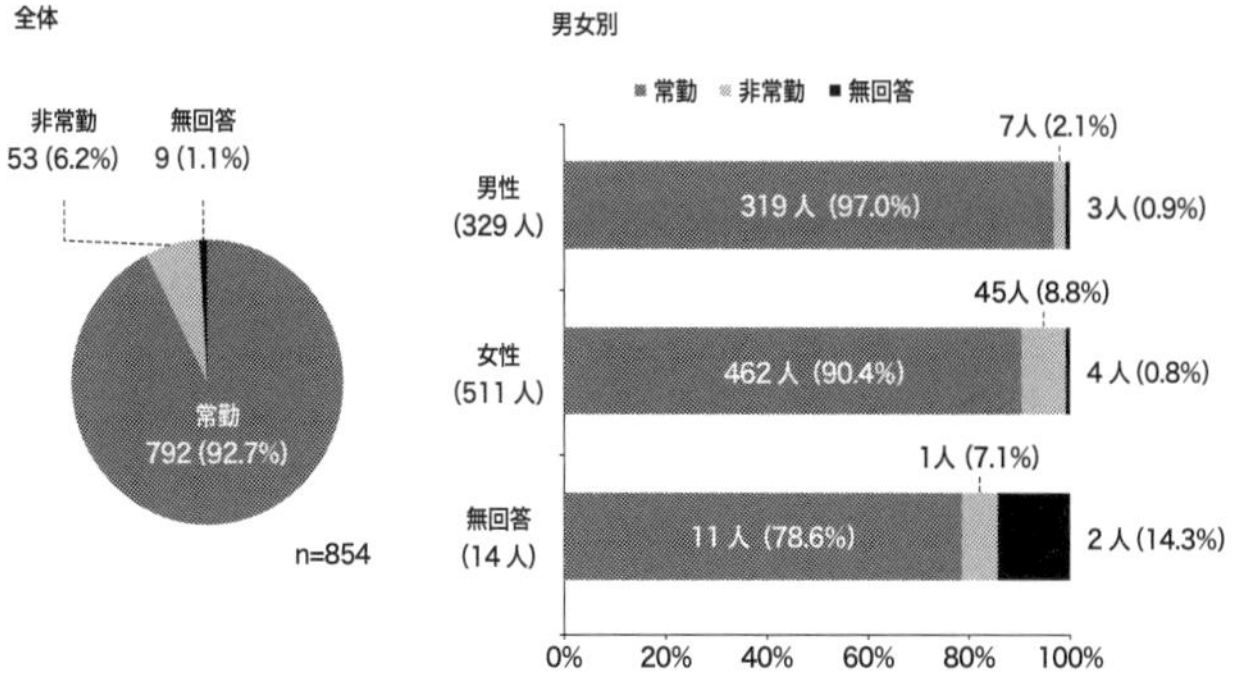

出典：厚生労働省 第 9 回薬剤師の養成及び資質向上等に関する検討会資料
「薬剤師の需給動向把握事業における 調査結果概要」

うかがい知ることができる。

薬剤師1人あたりの1日における処方箋調剤業務とその他業務の累計時間について見ると、処方箋調剤業務については業務累計時間が9時間45分となった。その内訳は服薬指導が1時間50分19秒と最も時間を費やしており、次いで薬歴への記載が1時間25分17秒、監査・疑義照会が1時間22分40秒、計数調剤が1時間11分38秒、処方箋入力作業が52分9秒などとなった。それに対してその他業務については、薬の在庫確認・発注が23分9秒と最も多く時間を費やしており、次いで開店準備が15分51秒、閉店作業・片付けが15分23秒、薬の検品・検収が15分46秒、OTC薬の相談が13分14秒などとなった（図14）。

この結果から、多くの薬局は調剤業務にほとんどの時間を費やしており、OTC薬の相談にあまり携わっていないことが明らかになった。最近、業界内では調剤薬局ではなく薬局と呼ぼうという意見が出始めたが、これではそのことを改める必要がないのではないか。

図 13 【薬局】 取扱品目数（医療用医薬品）

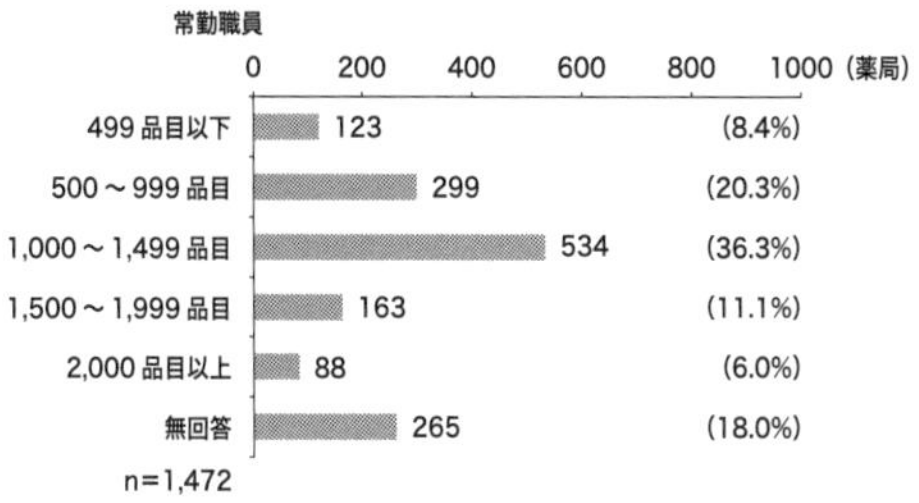

出典：厚生労働省 第 9 回薬剤師の養成及び資質向上等に関する検討会資料
「薬剤師の需給動向把握事業における 調査結果概要」

図 14 【薬局】 人員・勤務体制 （薬剤師 1 人当たりの 1 日における処方箋調剤業務・その他業務の累計時間）

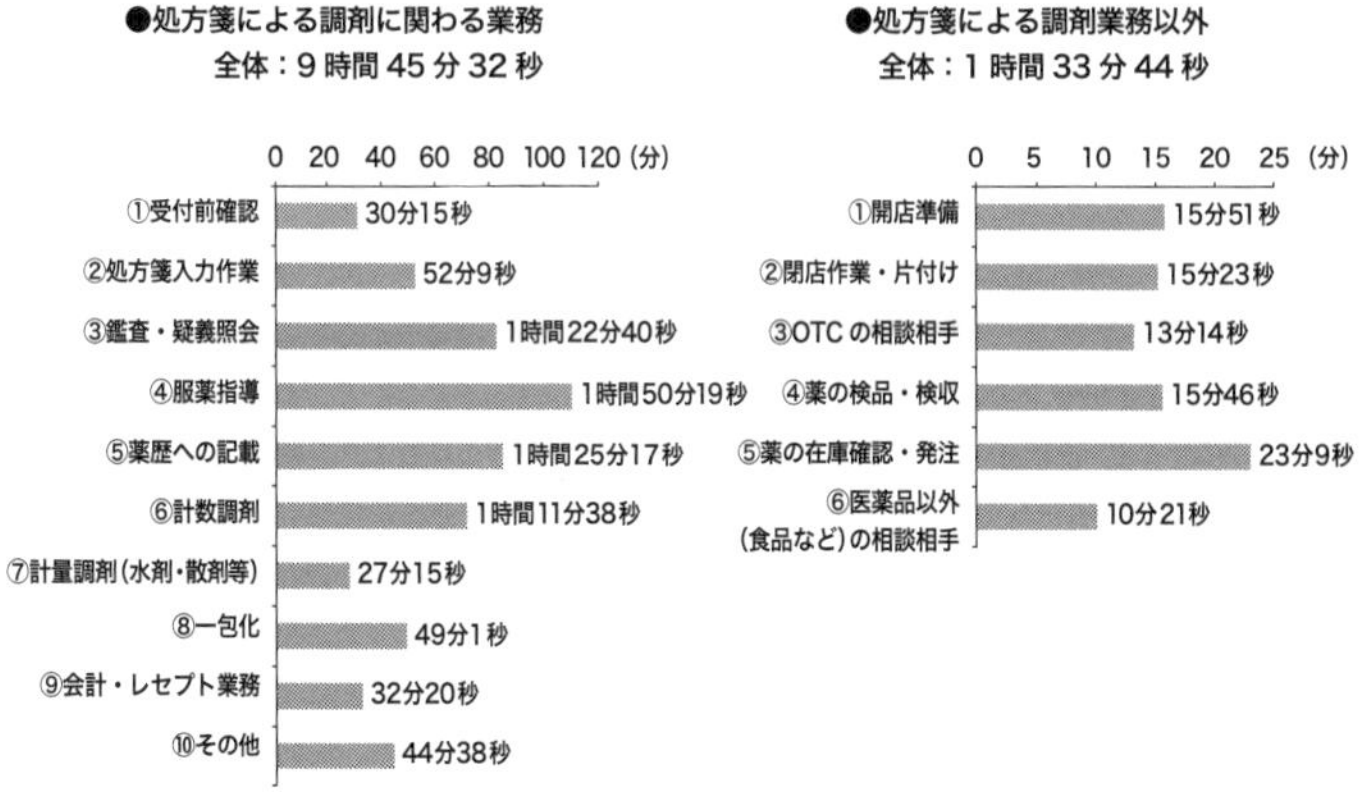

出典：厚生労働省 第 9 回薬剤師の養成及び資質向上等に関する検討会資料
「薬剤師の需給動向把握事業における 調査結果概要」

薬剤師アンケートの調査結果から

この調査結果を見て強く感じたことは、絶えず積極的に投資を行い、患者や地域住民のための薬局を作ろうとするところが少数派だということだ。

開局したら何年経とうがそのままの姿を持続し、さまざまな工夫や投資を行わず、患者中心の薬局になり得ていない。薬局によっては、上がった利益を店舗数増加のために投資することはあっても、既存店拡充などへの積極的な投資姿勢が脆弱だ。

スウェーデンやデンマークなどの海外では、薬局が地域のランドマークとして長年親しまれているが、わが国ではそのような薬局は、きわめて限られた存在でしかない。大規模な薬局は、大病院などの門前薬局などがほとんどで、面分業対応になっていない。

あえて言えば、近年、調剤事業を積極化しているドラッグストアの一部が街のメインストリートなどに位置し、そのような傾向を示しているように見える。

だが、それらもまだ歴史が浅いことから、今後、その場所に50年、100年いるのかどうかわからない。少なくともドラッグストアの場合は、店舗名が変わる可能性がある。

薬局も医療機関と位置づけるのであれば、地域社会に長年にわたって貢献できるような存在となるよう努力し、その存在感を高める努力を怠らないことが求められる。それができないのであれば、単なる小売店でしかない。

さらに厚労省は、数多くの薬学部の新設により、将来、薬剤師の数が過剰になると指摘している。一部の大学では、学力低下も深刻な問題となっており、学生数が募集定員数を下回る大学も増加傾向にある。

厚労省は、薬学部の入学定員見直しの動きを強めている。それが具体化すれば、薬局においても病院においても、地域による年収格差はこれまで以上に拡大することが予想される。

今回の調査結果によると、薬局をキャリア選択した理由として「働きがいがあると思ったため」を選んでいる人が最も多かった。

「働きがい」を持続させるためには、できるだけ早い時期に小規模薬局形態を見直し、薬剤師としての専門性を活かせる環境下で、多様な経験を積むことができるようにすべきだ。

　そのうえで専門薬剤師の資格を取得するなどによって、セカンドキャリアを充実させ、さまざまな状況に対応できるプロフェッショナルな薬剤師を数多く輩出できれば、質の高い薬剤師の供給を維持することができるのではないか。

第4章

薬剤師はプロフェッショナルのはずではなかったのか

どれだけの国民が薬剤師の業務を理解しているのか

2015年10月に公表された「患者のための薬局ビジョン」では、対物業務から対人業務へと、行うべき内容が示された。そこでは、患者中心の業務である服薬指導や処方内容のチェック、医師への疑義照会など、これまで薬剤師が実施してきたことをしっかりと行う必要性が強調された。

だが、本来、対人業務をしっかりと行っていくためには、対物業務もしっかりと行っていくことが不可欠である。厚労省としては、対人業務を強調して伝えたかったため、このような表現を使ったのだろう。換言すれば、多くの国民が薬剤師の存在意義を十分に理解していないから、厚労省は薬剤師の対人業務を強調したともいえるのではないか。

患者や地域住民は、薬局を訪問すれば多くの場合、薬剤師と接触することになる。だが、薬剤師に対しては、自分が必要とする薬についての必要最低限の質問をするに留まっているのではないか。

それが常態化しているとすれば、どれほど患者や地域住民が薬剤師の能力について理解しているのだろうか。薬局は、単に医師から処方された薬剤をもらうところという認識でしかないのではないか。

第2章であげた内閣府による「薬局の利用に関する世論調査」の結果をもう一度見てみよう。

質問の中で「薬局利用時に薬剤師にどのような相談をしようと思うか」を複数回答で聞いたところ、「病院や診療所で処方された薬について」が49・1%で最も多く、次いで「薬の飲み合わせについて」が45・2%、「市販薬について」が17・2%、「病気や体調について」が16・4%などとなった。

また、前述したように「利用している薬局の薬剤師による薬の説明や相談への対応の満足度」については、「満足している」と「とても満足している」で85・3%を占めた。「薬局を一つに、薬剤師を一人に決めているか」については、「病院や診療所ごとにその近くにある薬局に行く」が57・7%と最も多く、「かかりつけ薬剤師・薬局を決めている」は7・6%にすぎなかった。これらから、多くの患者は医療機関に近い薬局を選択し、自分の病気のことや処方された薬剤のことについては、その場にいる薬剤師から一時的に服薬指導などを受けていることをうかがい知ることができる。

一方、「かかりつけ薬剤師・薬局を決めている」理由を複数回答で聞く質問では「信頼できる薬剤師であるため」が49・7％と最も多く、次いで「服用しているすべての薬の飲み合わせについて確認してくれるため」が44・9％、「生活状況や習慣などを理解してくれた上で、薬についての説明などをしてくれるため」が36・1％、「自宅や職場の近くなど行きやすい場所にあるため」が32・0％となった。

この部分こそが医薬分業にとって最も重要な部分である。この関係を基に構築していくのが「患者や地域住民と薬剤師の信頼関係」に他ならない。

明らかな身体的な変調があれば、医療機関を受診して医師にたずねるべきだが、普段の健康管理をするうえで留意すべき点や、ちょっとした体調の異変については、薬局薬剤師のほうが気軽に相談できる。薬局薬剤師は、患者や地域住民にとって、身近な健康のゲートキーパー的存在となり得る。それにもかかわらず、薬局薬剤師の存在意義が患者や地域住民に認識されてこなかった理由は、薬局や薬剤師がそのための努力を怠ってきたからではないだろうか。

これまで多くの薬局は、患者の十分な受け入れ態勢を取らずに薬局を開局してきた。十分な受け入れ態勢とは、常勤薬剤師の数であり、店舗の広さなどである。そのため患者が特定の時間に集中することになれば、「患者をこなす」ことで精いっぱいになり、十分な服薬指導や相談業務ができなくなってしまっていた。本来行うべき対人業務ではなく、できるだけ早く患者に薬剤を渡すことに業務の力点が置かれるようになったのである。それが繰り返されることで、患者は薬剤師への期待感を喪失してしまった。加えて服用すべき薬剤についても、処方医が質問に気軽に答えてくれるようになり、ますます薬剤師の影が薄くなっている。

さらには、処方箋を持っていかなければ存在感がない調剤薬局は、医療機関と同様、気軽に訪問できる存在とはならなかった。そのため医療機関との差別化が図れず、薬局は医療機関と同質化し、地域での存在感を自ら希釈することになった。

薬剤師が正しく就職先を選択できるようにするには

２０２１年４月26日、厚労省は「薬剤師の養成及び資質向上等に関する検討会」で、２０４５年までの薬剤師の需給推計案を公表した。それによると、対人業務などにシフトすることで需要が増し、薬学部入学者の減少などで供給が減ったとしても、薬剤師が過剰になることは避けられない見通しとなった。

厚労省は検討会の結果から、２０４５年には薬剤師全体で機械的な推計でも33・2万人、変動要因を加味すると最大40・8万人が必要になるとした。それに対して供給面では、人口減少を考慮して少なく見積もったとしても、２０４５年には現在の32・5万人から43・2万人になると見られ、需要が供給を上回る可能性はほとんどないと推計した。

これまで薬局薬剤師は売り手市場とされ、薬学部も数多く開設されてきた。現時点でも大都市圏では薬剤師数が充足されてきているが、地方において、特に薬学部のない県においては薬剤師数の不足に悩まされている。そのためブランド力に乏しい薬局は、割高ともいえる年収を提示し、薬剤師の確保を行っている。だが、それでも容易に薬剤師を確保できない状況が続いている。

薬剤師教育が6年制になったことで新卒の薬剤師の中には、奨学金返済の負担が重くなり、意識的に年収の高い企業を選ぶ人もいる。大手調剤薬局でも過疎化が進む地域での勤務は嫌われる傾向があり、地域限定社員などさまざまな対応策を講じている。

一般的に薬局側としては、一定の年収を提示しないと薬剤師を確保できないので、初めに高い年収を提示し、その後昇給が据え置かれる場合もある。薬剤師の中には、現在の年収より高い年収を得るため、新しい職場に移ることを選択する者もいる。転職が年収を上げるための手段となっている。このような状況は、勤務薬剤師が短期間で転職してしまう現象を生み出すことになる。

また、過去において新卒薬剤師の就職先の第1希望は病院で、薬局は跡取りなどでなければ積極的に選択しなかった。特にドラッグストアは、高い年収を提示されても就職したくないところだった。ところが最近では、大手調剤薬局も大手ドラッグストアもブランド力が定着し、さらに薬学生の薬局への就職のハードルが下がったことで、多くの新卒薬剤師が薬局やドラッグストアに就職するようになった。

一般的に、新卒の学生が就職先に選ぶのは、その時に勢いのある企業だ。そのため、将来定年になるころには、業績が伸び悩む企業になってしまうところも少なくない。最近では、銀行がその一例である。

薬学生の場合は、一般の学生とは異なり、専門職としてのスキルを活かせる職場が限られており、当初から就職先が限定されている。ブランド力があり、高い年収が期待できた製薬企業のＭＲの求職が減少傾向にあっては、年収に魅力が乏しい病院よりも、勢いがあり研修制度が充実した薬局やドラッグストアを選択する傾向が強まっている。

前述したように、厚労省の検討会が公表したデータでは、２０４５年頃には薬剤師が過剰になる時代が到来するとされた。だが、それより以前に調剤の自動化などのイノベーションが進展し、供給過剰の時期が早まる可能性が大きい。そのような状況下で専門職である薬剤師の就職のあり方を考えた場合、薬学生は自らの就職に際して、どのようなことを重視すべきなのか認識したほうがいいだろう。

まず、どのような薬剤師になりたいかという自らの将来像を描いてみることだ。そのために必要なスキルは何なのか、そしてそれは、どのようなところで学ぶことができるかをしっかり調べなければならない。当該企業や薬局を訪問、病院を見学する、あるいはそのような企業に就職している先輩などに話を聞くことも有益だ。

このようなことを行ったうえで、企業や薬局、病院を絞り込み、就職先を決めるべきではないだろうか。学びたいスキルがさまざまで、広範囲に広がっている薬学生もいるかもしれない。その場合には、自らの将来計画を定め、最初の就職先ではこのことを学び、次の就職先ではこのようなことを学びたいとすることもありうる。

一方、薬局など薬剤師を雇用する側は、自社の薬剤師養成内容やどのような薬剤師の育成を目指しているかということを明示し、積極的に見学会などを開催する必要がある。独立系の薬局の場合、経営者と身近に接することができることから、薬学生は直接経営者に対して自らの疑問点や要望を投げかけ、納得することが重要だ。これは、薬局経営者の患者に対する思いや、未来の薬局像についても話を聞くことができる絶好の機会だ。むしろ薬学生にとっては、独立系の薬局のほうが大手調剤薬局や大手ドラッグストアなどよりも、かかりつけ薬局のあるべき姿を経験できるかもしれない。

このように、専門職としての成長を目指す薬学生は、就職に際して自ら目指す将来像を描き、そのために多くのことを学ぶことができる就職先を選ぶべきだ。それに対して受け入れる薬局などは、自社ではどのようなことを、どのような方法で学べるかなどを強くアピールすることが重要だ。

年収については、薬剤師が需要を上回ることが常態化することになれば、その状況に応じて相場が設定されることになる。供給過剰な状況になっても高額な年収が提示されるようであれば、それはその職場の特殊事情が加味されていることが予想される。

このようなことから、薬剤師は、専門職としての自らの未来像を描きながら、そこに到達するためのスキルを学ぶことができる就職先を選択することが望ましい。今だからできることを重視することが、専門職としてのスキルを磨くことになり、自らの人生にとってかけがえのない時期となる。

薬剤師はプロフェッショナルのはずだが

「あなたはプロフェッショナルですか」と突然聞かれて、「はい。そうです」と即答できる人はどのくらいいるだろうか。

私が指導している大学院の学生は社会人として一定のスキルを有している有能な人たちだが、何人かに同様の質問をして絶句されたことがあった。

『大辞林』（三省堂）で「プロフェッショナル」を引いてみると、「それを職業として行うさま。専門的」と記載されている。ウィキペディアでは、「専門的な仕事に従事している人や専門的な仕事で評価を得ている人」「特定の活動に関して能力が高く、技能に優れる人」とある。

一般社会において専門職である医療従事者は、有資格者であり、専門職であることからプロフェッショナルに分類される。

しかし、有資格者であり、専門職である薬剤師は、どれだけの人が平素から自分はプロフェッショナルであることを意識し、ふさわしい行動をとっているのか疑問である。なぜならば、今日に至っても依然として多くの薬剤師は、医師に従属しているようにしか見えないからだ。

中には医師からプロフェッショナルな薬剤師として評価され、対等な関係を維持し患者への対応を行っている人もいるが、その数は限られている。この背景には、門前薬局やマンツーマン薬局など薬局の立地形態も影響している。だが、それ以上に薬剤師は、医師に対してプロフェッショナルとしての振る舞いができていない。それは、薬剤師が医師のように患者との信頼関係を築き上げることができず、患者を背負って十分に話ができないからだ。さらには自分自身や患者のために、日々薬剤師としての能力向上に努めていないからだ。

このような状況下、薬剤師の中には在宅医療に積極的に加わることで、存在感を高めている人もいる。在宅医療の現場では、薬剤師も患者と話す機会が多く、薬局内以上に患者の生活に踏み込んだ会話が増える。そのことによって、薬剤師と患者やその家族との距離が近くなり、より一層強い信頼関係が築かれる。これは他の医療従事者にとっても、薬剤師が有している専門的な能力を知る機会にもなり、連携体制の強化につながる。

薬剤師が在宅医療に参加することで、薬局内では接する機会が限定されている患者やその家族との関係は、今まで以上に濃密となる。さらに薬局では接する機会が少ない看護師など他の医療従事者との関係構築もできるようになり、プロフェッショナルとしての自信を深める機会となっている。

特に最近では、若手の薬剤師が積極的に在宅医療への参加を希望するようになっており、そのような薬剤師が増えることで薬剤師自身の意識改革はもちろんのこと、患者や地域住民の薬剤師に対する見方が変わってくることが期待される。

プロフェッショナルには定年がない。常に高い目標を掲げ、そのことに到達するために日々努力を続けているので、その努力を継続できなくなった時が定年なのだ。それだけプロフェッショナルであり続けるということは、厳しいことだ。しかし、だからこそ自らが実践することに対して真摯に取り組み、ぶれない態度を維持することができるのだ。

プロフェッショナルにとって重要なこと

プロフェッショナルにとって重要なことがある。それは、普通の人が理解し得る言葉を使って、患者に対して必要なことを伝えることができることだ。

薬剤師も同様だ。専門家は、職務上専門用語を多用して自分の言いたいことを伝える。薬剤師も他の薬剤師と話す時は、専門用語を使用する。

しかし、患者は違う。薬剤の知識が乏しい患者に対して専門用語を駆使して説明しても、多くの場合は理解されない。特に高齢者には、患者が理解しやすいスピードで話すことも求められる。

それにもかかわらず薬剤師の中には、普段自分の話すスピードで専門用語を多用して服薬指導などを行う人もいる。そのことが繰り返されると、高齢の患者は薬剤師の話を聞いているような態度を取るものの、ほとんど理解していないということが生じる。そのような薬剤師は、自分の話が終わると患者の理解度を確認せず処方された薬剤を渡し、会計をしてしまう。患者が説明の内容を理解しているかどうかは、二の次になってしまっている。

中には「私は、患者にわかりやすく説明をしている」という薬剤師もいるかもしれないが、しっかりと患者に確認をしているのだろうか。私は、そのような場面に遭遇したこともなく、経験したこともない。

もし、患者に理解してもらえない説明を繰り返しているのであれば、医薬分業の最も重要な責務が果たせていないことになる。何のために時間と費用をかけて薬局で処方された薬剤をもらうのか。そのような薬剤師は、プロとして失格だ。

薬剤師は、プロフェッショナルとして患者の命を守る責務がある。そのためには、患者が処方された薬剤について理解し、正しい服用を行うことできるようにしなければならない。

薬剤師の説明不足で患者が正しい服用ができなかったならば、それは服薬指導を行っているとはいえない。

また、医療においても「情報の非対称性」という用語が使用される場合がある。これは、売り手のみが知識と情報を持ち、買い手側は同様の知識も情報も持ち合わせていないというように互いが知識と情報を共有していないことをいう。

医療の場合、医師が処方した薬剤について、患者が処方医から十分な情報を得ることができていない場合がある。そのことを補い、患者に正しい情報を提供することにより、情報の非対称性を改善することができる。薬剤師が「情報の非対称性」を改善する機能を十分果たすことができなければ、薬剤師は患者の信頼を得ることができない。

患者は、信頼する薬剤師を見いだすことができれば、その薬剤師に対して薬剤のことはもちろんのこと、周辺の健康相談などもするようになる。ＯＴＣ薬も扱っているならば、価格は二の次にしてその薬局、薬剤師から購入するようになる。

薬剤師は、患者や医師などの医療従事者などから信頼を得るために、プロフェッショナルとしての機能を十分発揮する必要がある。

プロフェッショナルには高い倫理観が求められる

薬剤師は、プロフェッショナルとして患者の命に関わる立場にある。そのような人材にとって不可欠なのが高い倫理観である。

薬剤師を目指して薬学等の教育を受けている時から、高い倫理観を持つことの重要性を認識する必要がある。もし薬剤師が高い倫理観を有していなければ、組織の方針や上長の指示で患者や地域住民らに不利益を及ぼす行動を取ることもありうる。プロフェッショナルでありながら、自己判断ができない薬剤師になってしまう。そのような薬剤師は「百害あって一利なし」である。

場合によっては、薬局に自分1人しか薬剤師が勤務していないこともある。そのような時、仮に誤った行為をしたとしても、誰にも知られなければそれで済まされることも少なくない。しかし自分に甘い誤った行動を繰り返し行うことになれば、いずれその行為が大きな問題を引き起こす可能性もある。そうなれば自分のキャリアを喪失するばかりか、勤務している薬局の地域での信用が大きく失墜することになる。閉局のおそれもあるだろう。

　これまでも、薬局による組織ぐるみの不正行為が行われ、大きな騒ぎになったことが何度もある。そこで問題になったのは、管理薬剤師であっても雇用者に雇用された勤務薬剤師であり、上長に対して明確にノーとは言えないことだ。

　だが、そうであったとしてもプロフェッショナルである薬剤師は、患者に不利益が及ぶことがなくても不正行為にノーを突きつけなければならない。日本の医療は、基本的には性善説である。そのことを考慮するならば、不正行為は患者の不利益の有無にかかわらず、国民を裏切る行為である。そのような薬局経営者や薬剤師を一掃し、国民から高い信頼を得るために、薬剤師には高い倫理観が求められている。

　一方、薬剤師が高い倫理観を有することの重要性と同様に必要なのが、薬局のコンプライアンス重視の経営である。薬局規模の大小にかかわらずコンプライアンスの存在は重要だ。

　小林化工や日医工の問題は、業界関係者だけではなく、多くの国民が知る社会問題にまで発展した。この他にもいくつもの有名企業が、独占禁止法違反やデータ改ざんなどで揺れ動いている。一つ間違えば企業存亡の危機に発展しかねない。

薬局の場合にはオーナー経営が多く、短期間で規模を拡大したところが少なくない。そのため、オーナーの意向に反する行動を従業員が取りにくい。それが仮にオーナーが暴走した場合であっても同様だ。むしろその薬局の従業員としては、問題が表面化しないように隠そうとすることが少なくない。ことが公になれば、組織ぐるみとみなされてしまう。そのことを防止するために、経営人材を監視する社外取締役や監査役という存在があるのだが、十分機能していないところもある。

コンプライアンス重視の経営姿勢を貫くことで健全な経営を行うことは、企業にとって最も重要なことであり、そのことなしに企業の存続はあり得ない。薬局もコンプライアンス重視の経営姿勢をもって患者にも社会にも貢献する必要がある。

このように薬剤師にとっては、高い倫理観を有すること、薬局におけるコンプライアンス経営を理解することも重要なことである。

薬局のガバナンス強化

２０１９年12月に公表された薬機法改正では、薬局開設者の法令順守に関する項目が盛り込まれた。具体的には、①従業者に対して法令遵守のための指針を示すこと、②法令遵守上の問題点を把握し解決のための措置を行うことができる体制を含めた、法令遵守のための体制を整備すること、③薬局の管理に関する業務が法令を遵守して適正に行われるために、必要な能力及び経験を有する管理者を選任すること、④管理者により述べられた意見を尊重し、法令遵守のために措置を講じる必要があるときには、当該措置を講ずること―が明記された。

今回の改正で盛り込まれた薬局のガバナンス強化は、薬局の規模の大小にかかわらず、すべての薬局に課せられたものである。「規模が小さいから大丈夫だろう」と思っている薬局もあるかもしれないが、定められた法令に違反した場合には、薬局経営者や管理薬剤師がその責任を追及されることになる。

前述したように、本来ならば薬剤師には高い倫理観が求められ、法令違反などとは縁がないはずだ。しかし、現実にはその立場にいることで法令違反を犯すこともないとはいえない。まして密室であれば、外部に情報が洩れない限りばれることがないだろうと勝手に自分自身で法令違反を容認してしまう。そのようなことを行えば大変なことになりますよ、ということである。いわゆる転ばないための戒めである。

企業も上場・非上場にかかわらずコーポレート・ガバナンスが定められている。それでも問題を起こす企業がなくならない。だが、法令違反を犯し、そのことが明るみになった場合は、社会的制裁などさまざまな制裁を受けている。薬局の場合も同様だ。そうならないための戒めとして重く受け止めるべきだ。

薬局の中には、自社内に法令遵守のためのガイドラインを作成し、担当責任者も指名したから大丈夫だとするところもあるかもしれない。

しかし、長い期間存続することで気の緩みが出てしまうこともある。むしろガバナンスは体制を整えることより、維持することが重要なのだ。そのことは企業の不祥事を見れば明らかである。そのため薬局としては、経営者はもちろんのこと、従業員に至るまで、常にガバナンスを意識した行動を取ることを徹底しなければならない。

自らの業務を広げるためには、自らの手で

医療従事者の世界においては、あまりモチベーションという言葉を聞く機会がない。それは医療従事者であれば、モチベーションがあって当たり前ということなのだろうか。

ここでは薬剤師のモチベーションに関して経営学におけるモチベーション論を活用し、考察することにする。

薬剤師に必要なモチベーションとしては、①アージリスの未成熟―成熟理論、②職務特性理論、③プロソーシャル・モチベーション―を挙げる。

アージリスの未成熟―成熟理論は、米国エール大学で産業経営論を研究していたクリス・アージリスが提唱したものだ。

同理論では、人のモチベーションを向上させるには、制度的な報酬やインセンティブによって人為的に意欲を引き出そうとするよりも、人に備わっている心のエネルギーを認識させ、目指すべき方向性へと導くことが、組織にとっても個人にとっても

有益であるとしている。

この理論を薬剤師に当てはめてみると、薬学生時代は霞がかかったようではっきりとしていなかった薬剤師の仕事内容が、経験を積むことで明確になり、自らが目標とする薬剤師像に向かって努力を重ねることで、より仕事への意欲が増すことだ。当初は高い年収に魅せられたとしても、経験年数を重ねることに知識だけではなく、患者や医療従事者との関係構築にやりがいを感じ、大学時代以上に学ぶことに熱心になることもそうだろう。

職務特性理論は、米国エール大学の社会心理学者であるリチャード・ハックマンが労働者の内発的モチベーション（人間の内部から湧き上がってくる欲求にもとづいたこと）が高まるのは「仕事への有意義感」「仕事への責任感」「結果への知識」が満たされた時とし、これらの心理状態を「重要な心理状態」と呼んだ。

これを薬剤師に当てはめてみれば、給与などのような外部からの刺激に基づく外発的なモチベーションより、医療従事者、専門職としての内発的モチベーションが高まる。

具体的に見ると、以下のようになる。

「仕事への有意義感」は、薬剤師としての専門能力を活用し、患者や地域住民、医師などから感謝されることで自分が役立つことができていると感じる。

「仕事への責任感」は、経験を積むことで自律的に仕事に取り組むようになり、必然的に責任感が生まれる。

「結果への知識」は、患者や地域住民、さらには医師などの医療従事者からの感想や要望を聞くことで満足度や課題を知り、モチベーションの向上につながる。

プロソーシャル・モチベーションは、相手の立場に立ち、徹底的に相手のことを考えることができる人はモチベーションが高いという理論だ。

同理論を薬剤師に当てはめてみると、薬剤師が患者やその家族に対して、病気のことだけではなく、日常生活に踏み込んだアドバイスを親身になって行うことだ。

このように、いずれの理論も薬剤師のモチベーションを高めることになる。

特に専門職である薬剤師は、一時的に外発的モチベーションが高かったとしても、仕事の継続には結びつかない。長く仕事を続けるためには内発的モチベーションを持続することが必要だ。

結果、そのことがプロフェッショナルとしての自覚を持つことにつながる。

薬剤師は、現場では即座に判断しなければならないことも多々ある。そのようなことも考慮するならば、前述したモチベーション理論の中でも特に職務特性理論によってモチベーションを維持し、プロフェッショナルとしての道を歩み、後輩の指導にも当たることで、人材育成の強化にも貢献してほしい。

そのような薬剤師が若手薬剤師に向かって自らの経験を語ることで、彼ら彼女らの目標となり得る。

薬剤師にとってモチベーションを持ち、高めることは、プロフェッショナルとして必要不可欠な要素である。

薬剤師はジェネラリストが基本

最近では大手調剤薬局が、がんなどの認定薬剤師の育成を強化する傾向を強めている。

以前私は、親しくしていた急性期病院の院長に「薬剤師が専門分野に特化していくことを、どう思うか」ということを聞いたことがある。私の質問に対して院長は「あまり好ましいこととは思えない。ただ、看護師の場合は、専門看護師の資格を持つとモチベーションが上がる。そのことは良いことだ」と答えた。至極当然の回答だ。

薬局薬剤師がプライマリケアや予防などで活躍することが多く期待されているという仕事の特性を考慮するならば、まずジェネラリストとしての腕を磨くべきだと私は思っている。処方箋を持参する患者は多様な疾患の患者が多く、「私の専門外だからわかりません」とは言えない。

薬剤師の中では、専門性が高いことを階級が高いとする傾向があるものの、多くの患者も同様な評価をしているのだろうか。私の知る限りでは、患者が薬局において専門薬剤師でなければ対応してほしくないということを聞いたことがないし、そのような場面に遭遇したこともない。

むしろ患者は、薬剤師がいろいろな疑問に対して答えてくれることを期待しているからこそ、その薬剤師をかかりつけ薬剤師に選ぶのではないか。そもそもどれだけの国民が専門薬剤師のことを知っているのだろうか。

医師の世界ではジェネラリストとしては欧米の家庭医、日本では総合診療医が存在している。特にイギリスの家庭医は、専門医として国民に認知される存在となっている。カナダで家庭医の資格を取得した医師に話を聞いたことがある。その医師は「幅広い知識を有することで対応能力の幅が広がる」と答えた。薬剤師の場合も同様ではないのか。

このようなことから薬剤師の基本は、あくまでもジェネラリストとしての存在である。そのうえで専門的な資格を有することもありえるだろう。だが、ジェネラリストであることを放棄し、専門薬剤師になることは「かかりつけ薬剤師」のあるべき姿ではない。

優れた薬剤師は「薬剤師らしくない」

私は、これまで数多くの薬剤師と会い、付き合う機会があった。その中で気づいたことがある。それは、優れた薬剤師だと思えた人の多くが「薬剤師らしくない人」だったことだ。

職業人の多くは、なんとなく「このような仕事をしている人かな」と思えるような人が少なくない。医師や薬剤師などの医療従事者もその分類に入る。それでも中には、薬剤師と同様に「らしくない」人たちもいる。私の友人の熊本で病院を経営している理事長もその一人だ。風体は、どことなく遊び人風、カラオケと飲み会が大好きで、誰とでもすぐに打ち解けて話をすることができ、傍から見ていてとても有能な外科医（病院経営者）には見えない。最近では、医師の中には、誰とでも本音で話をする、医師らしくない人たちが増加しているように見える。

「らしくない」人たちは、同じ職業の人たちだけではなく、他の職業の人たちとも普段から付き合っており、その数も多い。さまざまな人たちと交流することで、普通の会話ができるようになる。業界関係者との付き合いが多い人は、どうしても業界用語を無意識に使い、そのことが業界外の人たちの違和感となって表れる。中には、人によって話すことを使い分ける人もいる。それは、業界外の人と話す時には、できるだけ本音を語らないということだ。だが、そのような人たちとの会話は、どことなくよそよそしさを感じる。もっと言うのであれば本音で話をすることができない。

過去においては、医師などが上から目線（パターナリズム）で患者に話をすることがあった。現在では、そのような対応をすれば多くの患者の反発を招きかねない。特に開業医は患者とのコミュニケーションを取るためには、患者に寄り添った対応を取る必要に迫られる。そのことで開業医は患者の話をしっかりと聞いてくれる医師として、地域での評判が高くなる。

薬剤師が「らしくない」人になるためには、自らが積極的に業界外の人たちとコミュニケーションを取る機会を持つことだ。趣味の世界、地域の行事への参加など、その機会はいくらでもある。自らが受け身になるのでなく、いろいろなことに興味を持つことで、世界観を広めることができる。そのことは結果的に薬剤師業務にも広がりを持たせることにもなる。

また、薬剤師は多くの患者やその家族などと接することにより、さまざまな経験を積む。この積み重ねによって心の余裕が生み出され、患者やその家族が気軽に話しかけられる雰囲気を醸し出せるようになる。特にさまざまな失敗をし、そのことを教訓に成長してきた薬剤師にこそ、この雰囲気が備わっているように思える。逆に失敗をおそれる薬剤師は、対応が消極的でコミュニケーション能力が欠如しているように見える。

このように薬剤師は、「らしくない」薬剤師になることで「患者中心の医療」を貫く存在になる。今後、そのような薬剤師が数多く輩出されるようになれば、日本の医薬分業も大きく変化することになる。

第5章

存在感を示すことができない薬局はいらない

上田は特別だと、いつまで言い続けるのか

面分業や医薬分業が地域の中に浸透している地域として、わが国では真っ先に長野県上田市が挙げられる。

事実、政治家や官僚、学者、その他多くの人々が上田市を訪問し、数多くの薬局を見学している。まるで現代のお伊勢参りのような感すらある。

上田市の薬剤師会や薬局は、見学に訪れた人たちに対して何ら隠し事をせず、データや薬局での薬剤師と患者・地域住民とのやり取りまで開示している。

見学した人の中には、「薬剤師に対して患者が熱心に健康相談をしている人がおり、10分以上も話をしていたので、最初はやらせかと思った」と話した。その後、その人は「このような薬局が日本全国にあれば、わが国の医薬分業の景色も今と大きく違っていたのではないか」と述べた。

見学に訪れた政治家や官僚からも「これが本来の医薬分業の姿だ」と言わしめるほどの評価を得ている。

上田市では、中核病院である国立病院機構信州上田医療センターの前には、他の地域のような門前薬局が軒を並べるような光景がなく、マンツーマン薬局もその数は少ない。

マンツーマン薬局の患者が増えなくて、倒産しそうになるのは上田だけの現象かもしれない。それだけ地域住民は、自分が信頼する薬局を決め、処方箋を持ち込んでいる。薬局は、面での展開を基本としているところが多く、おのずとＯＴＣ薬やヘルスケア品なども増えている。

このように上田の薬局は、地域において、いわゆる身近な健康ステーションとしての役割を果たしている。

上田地域には大手ドラッグストアも進出し、調剤事業を展開しているところもある。だが、そのようなドラッグストアでも長年、地域において信頼されてきた薬局の経営に打撃を与えるほどにまで成長することができないでいる。どんなに大規模のドラッグストアが近隣に開店しても、地域住民はこれまで親しんできた薬局でＯＴＣ薬を購入し、いつものように処方箋を持ち込み、薬剤師から助言等を受けている。

このことが地域住民にとって価格に代えられないことなのだ。まさに地域住民が、薬剤師を十二分に活用している姿だ。

現在、政府はプライマリケアの充実・強化を打ち出しているが、上田地域のような薬局が存在するところと、そうでないところでは対応に格差が生じることになる。

このように上田市において面分業が定着したのは、特定のリーダーがいたわけでもなく、自治体などが強制的に進めたわけでもない。長い時間をかけて多くの関係者や地域住民が、医薬分業に対する理解を深めてきた結果だ。そのため、他の地域でまねをしようと思っても容易ではない。

しかし、いつまでも「上田は特別だ」と言い続けるのであれば、将来、日本の医薬分業は大きな見直しを迫られることになりかねない。

少なくとも「上田は特別だ」ということが、言われなくなるようにならなければならない。

過去には上田市と東京の蒲田などの医薬分業が先進事例として、さまざまなところで紹介されたものの、上田地域の医薬分業のみが面分業が普及した形として定着した。

全国的に見れば、上田市のように広域で医薬分業が浸透していなくとも、狭い範囲で上田地域と同様に地域住民と信頼関係を構築しているところもある。だが、その活動が地域において広がらない。

それは、地域の多くの薬局や薬剤師、支部薬剤師会が地域に根づかせる努力を粘り強く行っていないからだ。

支部薬剤師会が、努力している薬局に対して逆行する行動を示すところさえあった。本来、支部薬剤師会単位で薬局や薬剤師の質の向上を図らなければならないはずなのに、逆のような動きをするのであれば、全体最適を達成することは難しいだろう。

現在、新型コロナウイルス感染症の拡大によって、日本の医療は大きな転換点に立たされていると言っても過言ではない。

2021年6月18日に閣議決定された「骨太の方針2021（経済財政運営と改革の方針2021）」では、「かかりつけ薬剤師・薬局の普及を進めるとともに、多剤・重複投与への取組みを強化する。症状が安定している患者について、医師及び薬剤師の適切な連携により、医療機関に行かずとも、一定期間内に処方箋を反復利用できる方策を検討し、患者の通院負担を軽減する」という文言が盛り込まれた。かかりつけ薬剤師とリフィル処方箋の推進である。

ここで重要なことは、コロナ後の薬局は、コロナ前の薬局と同様であってはならないということだ。

コロナ後の薬局は、真に患者や地域住民のための薬局となるため、患者や地域住民の視点に立った薬局のあるべき姿を追求する必要がある。

コロナ前の提供側の視点に立った対応では、かかりつけ薬局として存在することは困難だ。それは、いつでも患者や地域住民が必要とした時に、プライバシーや安全を担保した上で、納得できる健康相談などができる体制をどれだけの薬局が整えることができるか疑問だからだ。大手調剤薬局でも十分な薬剤師数を確保することができない状況では心もとない。

コロナ後の社会では、全国各地に上田地域の薬局と同等、いやそれ以上の薬局が数多く開局することが期待される。

この時機を逃せば、いつまでたっても「上田は特別だ」という言葉がなくならない。

そのためにも薬局や薬剤師は、大きく進化を遂げてほしい。

なお、厚労省は今年9月27日から新型コロナウイルス感染症に対する医療用抗原検査キットを薬局で販売することを特例的に認めた。

処方箋は不要だが、薬剤師が販売と説明を行い、説明内容を理解したかを確認する署名を購入者から受け取ることが義務付けられた。地域住民にとっては、検査キットが近くの薬局で購入できることから、そのことが薬局との距離感を短くすることになる大きな機会を得たことになる。

この機会を薬局がどのように生かすことができるかで、薬局間の差が広がることになる。

名称は薬局でいい

第1章でも述べたように、これまで薬局には数多くの名称が使われてきた。具体的には、保険薬局、基準薬局、かかりつけ薬局、健康サポート薬局、地域連携薬局、専門医療機関連携薬局が挙げられる。地域連携薬局と専門医療機関連携薬局は薬機法改正によって新たに登場した名称で、2021年8月から認定が行われている。このような状況にあって多くの人が使っている名称は調剤薬局だ。この名称は、関係者の間だけではなく、多くの国民にも日常的に使用されている。

薬剤師会の幹部などからは、これまでも「原稿を書く場合には、調剤薬局ではなく薬局という名称を使用してほしい」と言われたことがある。だが、薬剤師会の会員自体が調剤薬局という言葉を平然と使用しているのだから、外部の人間が調剤薬局という名称を使用するのも仕方がないのではないか。本来なら保険薬局という名称を使うべきところなのだろうが、調剤薬局という名称が国民の間で浸透してしまっている。

調剤薬局は、多くの患者からすると処方箋を持って「お医者さんに指示された薬」

を受け取るところということになっている。そのイメージが強すぎるため、地域住民は、生活圏内に調剤薬局があっても処方箋を持っていない場合には、ドラッグストアなどでOTC薬を購入する傾向が強い。結局、調剤薬局にとって、現在では調剤薬局という形態が大きなメリットにはならなくなってしまっている。

新型コロナウイルス感染症の拡大に伴い、患者が医療機関での感染をおそれ、受診抑制をする動きが鮮明になった。そのことは概算医療費の動向や日本健康保険協会（協会けんぽ）の決算数値などからも明らかである。

このような状況下で気を吐いたのは、処方箋薬の応需だけではなく、OTC薬の取り扱いも積極的に行っている薬局だった。医療機関と一蓮托生的な門前薬局やマンツーマン薬局は、患者の受診抑制によって収益を大幅に下げた。だが、処方箋の応需だけではなく、OTC薬などの販売も積極的に行っていた薬局には、医療機関に受診するのは怖いが、体調が悪いということを訴える地域住民が訪れるようになり、相談を受けた薬剤師が適正なOTC薬を紹介し、薬局への信頼を強化することにつなげることができた。

このようなことから、薬局は、より地域住民にとって身近な存在になる必要がある。現在のように処方箋を持った患者だけを受け入れている薬局では、薬局や薬剤師の存在価値が希釈されてしまう。

これまで多くの薬局は、自分たちの都合に重きを置いてきた。その形態を表す言葉が調剤薬局だった。これからは薬局という名称を使用し、店内の構成も地域住民の利便性を意識し、ＯＴＣ薬やヘルスケア品を本気で取り扱う薬局になるべきだ。

そうすることで、地域住民は薬局に対する調剤薬局のイメージを払拭し、薬剤師が有している高い能力を積極的に活用することができ、結果的に生活の質向上につながっていくだろう。中には零売も積極的に行いたいというところもあるかもしれないが、第一に考えなければならないのは患者や地域住民中心の店舗とすることだ。

これまで薬局の多くは、自分の都合を最優先した店舗展開をしてきた。そのことが限界にきているということを踏まえ、次の時代にも存続できる店舗に進化すべきだ。そのことは、必ずやそこで働く薬剤師のモチベーション向上に寄与し、患者や地域住民の満足度も高めることにつながるはずだ。

薬局は地域のランドマークに

医療機関にとって重要なことは、長期にわたり経営を持続することである。同じ場所で経営を持続させることができれば、地域社会においてランドマークとしての存在感をも示すことになる。

地域社会に貢献しようとするのであれば、同じ場所に根を下ろし、地域住民のための店舗開発に努めることが重要だ。店舗開発は、時代によってのニーズの変化とともに大きく変わることになる。

そのため薬局は、絶えず投資を行うことで患者や地域住民の満足度を高める必要がある。

現在では、患者のプライバシー保護、感染症対策、取扱品目、アプリ対応、情報提供やＢＣＰ（Business Continuity Planning：事業継続計画）対策など、幅広い。このようなニーズを満たすためには、繰り返しになるが、薬局は一定の広さが必要だ。

以前、経営の好調さが全国的に評判になっていた病院を見学した際、病院長から「病院にとって広さは重要な要素だ。広ければいろいろなことを自己実現することができる」ということを聞いた。薬局も同様だ。

これからの薬局は、さまざまなことへの変化対応を考慮するならば、前述したことと重複するが第一番目に広さということを重視する必要がある。

次に考慮すべきことは場所である。誰もがその薬局の存在を確認することができているということだ。

薬局にとって、広さは病院同様に欠かせない部分である。患者や地域住民の安心・安全を考慮するなら、何をさておいても満たすべき条件である。

これまでマンツーマン薬局の中には、猫の額ほどの広さしかないところで薬局を営んでいるところがあった。都市部では場所がないからということで、そのままになっているところも少なくない。

そのような薬局で、プライバシー保護や感染症対策ができるのだろうか。

加えて常勤薬剤師が1名か2名程度しか勤務していない薬局で、処方箋を持参する患者やOTC薬を買い求める患者に十分な服薬指導やアドバイスを行うことができるのか疑問である。

次に場所であるが、特定の医療機関の近くに立地するというわけではない。長くその地域で薬局を経営していくためには、面分業対応の薬局になることである。

そのため、多くの地域住民が行き来する場所に位置していることが重要になる。仕事場への行き帰りにいつも通る場所であれば認知されやすいし、処方箋応需や健康相談などの際に、その薬局を利用するようになる確率が高まる。

患者にとって薬局や薬剤師が身近で頼れる存在になれば、敷居は低くなり、口コミなどでも認知度や利用度が高まる可能性がある。さりげない会話の中に「○○薬局を右に曲がって」などと盛り込まれ、そのことが地域住民に理解されるようになれば、地域のランドマークとしての存在を高めることになる。

また、薬局は敷居が低いことが重要だ。

気軽に訪問し、薬剤師に対して健康相談ができるようになってはじめて、地域住民にとっての「私の薬局」になるのだ。先述したように薬局の名称ではなく、「私たちに何を提供してくれる場所なのか」という存在意義が薬局にとっては最も重要なことなのだ。

薬局経営者は、このような存在になるために、ハードやソフトに対して絶え間ない投資を行い、地域住民や患者の満足度を高められることを重視しなければならない。勤務する薬剤師にとっても、その薬局で働くことが誇りになるように努めてほしい。

さらに、投資だけではなく、絶えず情報発信を行うことも必要だ。

多くの人の目にさらされることは、プラス面だけではなく、マイナス面もさらけ出すことになる。このマイナス面の克服こそが進化を促すキーワードになるのだ。

医療の質を高めることができない薬局はいらない

医薬分業はなぜ必要なのか。患者にとっては、お金と手間暇がかかることをしてまで、薬局に処方箋を持ち込み、そこで薬剤を受け取る。面倒だなと思う患者も少なくない。そうまでして医薬分業をするのは、医療の質を高めることに他ならないからだ。

現在の法律、薬剤師法第19条では「薬剤師でない者は、販売又は授与の目的で調剤してはならない。ただし、医師若しくは歯科医師が次に掲げる場合において自己の処方せんにより自ら調剤するとき、又は獣医師が自己の処方せんにより自ら調剤するときは、この限りでない」と、事実上、医師による調剤が認められている。

具体的には、①患者又は現にその看護に当たっている者が特にその医師又は歯科医師から薬剤の交付を受けることを希望する旨を申し出た場合、②医師法（昭和23年法律第２０１号）第22条各号の場合又は歯科医師法（昭和23年法律第２０２号）第21条各号の場合――が挙げられる。

しかし、医師は処方権を持っているが、すべての薬剤について知識を有しているわけではない。

医師が誤った処方をしないとは断言できない状況下において、医薬品のプロフェッショナルである薬剤師の関与は、患者の命を守ることにつながる。特に現在のように効能効果が高い薬剤が数多く開発されるようになっている状況下では、わずかな誤りで患者が命の危機にさらされることになりかねない。

市場では、毎年効能効果が高い新薬が開発され、保険収載されるようになっている。そのため薬剤師は、常に最新の情報を把握し、必要に応じて医師に伝えなければならない。

2021年8月から施行された薬機法改正で、薬局には、「医師などと情報を共有し、患者に対して最適な薬物療法を提供するために公正な情報収集や提供を行う」ことが求められている。このことは薬局の規模にかかわらず決して怠ってはならないことだ。

もしそのことに薬局が的確に対応できなければ、その薬局の存在価値はないも同然だ。なぜならば薬局は、単なる医師の下請けで薬剤を患者に渡す場所ではないからだ。

薬局は、医療の質を維持するために、多様な薬剤の情報などを提供、確認する場所でなければならない。

薬剤の情報提供のあり方は、地域によって異なる。それは地域によって疾患の傾向が異なり、処方する薬剤の傾向が異なることがあるからだ。そのため薬局は、このようなことも考慮し、患者に最適と思える処方がなされるように医師、特に薬剤師が勤務していない診療所医師に情報提供を行う必要がある。その際、薬局は医師に対して偏った情報を提供しないことを心がける必要がある。

また、薬局は医師からの問い合わせがあった場合には、その場で的確な対応を行い、医師が適正な処方を行うことができるようサポートすることが求められる。

このような業務を日常的に繰り返すことで、医師と薬剤師の信頼関係が強化され、医薬分業の本質である医療の質を高めることになる。

そのことは、必ずしも医療費の抑制につながらないかもしれないが、患者の命を守るうえで必要不可欠な行為である。

調剤報酬に縛られない薬局経営の必要性

１９９７年1月に日薬が公表した「薬局のグランドデザイン」では、薬局の売上高に関して調剤報酬が78％、ＯＴＣ薬他の販売が22％とした。

これは、調剤報酬が１００％になってしまえば調剤報酬に依存した経営体質になってしまうことを避けたいということからきている。

調剤のみで個性を出すことは、容易なことではない。特に当時は、在宅医療を行うということが考えられなかった。そのため、これからの薬局は、地域社会と共生し、自らのあり様を主張できるように調剤以外にも収益を得られる経営体質を構築することを目指した。

さらに、福岡県薬剤師会が２０１５年3月に公表した「福岡県版薬局グランドデザイン」でも、調剤報酬のみに依存する経営体質からの脱却が明記されている。

「福岡県版薬局グランドデザイン」では、当時福岡県薬剤師会会長だった藤野哲朗氏が小規模な薬局経営者でも現実的な目標として目指すことができるようにと、３パターンの想定薬局を描くことを命じた。その意味では、「薬局のグランドデザイン」以上に細かな配慮がなされたものに仕上がっている。

そもそも診療報酬は、厚労省による経済誘導の側面も有している。医療機関の経営幹部の中には、「診療報酬に沿った経営を行っていれば間違いない」という人もいる。確かにそうかもしれないが、それを経営というのだろうか。

薬局は医療機関と異なり、自由裁量権がある。自らそのことを捨て、調剤報酬に依存した経営を行うことが望ましいのだろうか。薬局経営者や責任者は、「どうすれば、地域のために存在感がある薬局になることができるか」と常に考えないのだろうか。そのことを突き詰めていくと、調剤報酬の中だけではおさまらない部分が出てくるのではないだろうか。

私は薬局の自由裁量権は、薬局の未来への可能性を広げる大切な部分であると思っている。

この部分をどうのように活用することができるかが、薬局の個性を生み出す源泉にもなり、他ではまねができない存在ともなり得る。

今後も、大手の調剤薬局は多店舗展開を推進し、同様に大手ドラッグストアも調剤事業を拡大させるだろう。

その中にあって地域において存在感がある薬局であれば、そのような薬局がそばに来ても地域住民の多くは「私の薬局」を利用し、その特徴を実感し、ますます信頼度を深めるのではないか。

今、薬局がやるべきことは、小手先のOTC薬の販売ではなく、次の時代にも生き抜くことができる基盤強化を行うことに他ならない。

それは、地域住民との信頼の強化であり、そのためには、地域住民が薬局に何を求めているのかということを知らなくてはならない。

その場合、どこまでニーズの本質に迫ることができるかが重要になる。

具体的には、地域住民の「あったらいいね」ということではなく、「これが欲しかった」ということだ。「あったらいいね」はなくても困らない。だが、「これが欲しかった」は、地域住民の真のニーズに迫る部分であるといえる。

商品だけではなく、薬局薬剤師が提供する情報なども加えることで確立することができれば、その薬局の地域における存在意義は深まることになる。薬局は、調剤事業を行いながら、そのようなことを開発していってほしい。

そのためには、常に店舗に対する投資を行う必要がある。当然、失敗もあるだろう。だが、その失敗こそ成功への道だということを知るべきだ。

失敗しない薬局は、時代の変化とともに勢いを失い、最後は消滅してしまう。失敗をおそれず挑戦し続ける薬局は、自らを変革し、時代の変化に対応する。

同じ患者であっても高齢化に伴い身体状況が変化し、求めるニーズが変わるようになる。さらに地域住民も代替わりをし、ニーズが大きく変化する可能性がある。

薬局は、文化遺産ではない。今、生きている地域住民や患者のために存在しているのだ。

そしてこれからもその基本は変わらない。

第6章

コロナ後の薬局

一本足では、多様な地域住民の対応はできない

日薬が幹部の52薬局を対象に行った緊急調査で、2020年4月の技術料収入が平均で2割減少したことがわかった。外出自粛により、医療機関の外来患者が減少するとともに処方日数が長期化し、来局者数が大幅に減ったことなどが主な要因としている。その後、208薬局を対象に行った調査結果の速報値でも、5月分の処方箋受付回数は前年同月比24・3％減、調剤報酬が同11・6％減と二けた台の大幅な減少となった。

ところが、その一方で長野県・上田薬剤師会が実施した会員薬局へのアンケート調査結果では、3〜4月にかけての収入減は平均1割程度で、日薬の調査と比べるとダメージが小さかった。これは、処方箋調剤以外の部分で「増加」もしくは「変わらない」と回答した薬局が6割を超えていたことが影響したためだ。

上田市民の多くは、かかりつけ薬局・薬剤師を持っており、健康上で相談したいことがあると平素から薬局を利用していた。前述したように、上田市内の薬局の多くは

ＯＴＣ薬やヘルスケア用品なども取り扱っており、保険調剤だけの一本足経営より、幅広い相談機能を有している。

今回の新型コロナウイルス感染症拡大では、医療機関への受診をためらっていた風邪や鼻炎症の患者などが、かかりつけ薬局で相談しＯＴＣ薬で対応できたケースもあった。このことから真に地域に根ざした薬局経営を行っていくには保険調剤だけではなく、ＯＴＣ薬やヘルスケア用品を積極的に取り扱い、薬剤師が相談機能の幅を広げることが重要だということがわかる。

これまで多くの調剤薬局は、申し訳程度にＯＴＣ薬を店内に置いてきた。そのため薬剤師の中には、ＯＴＣ薬を取り扱っているのに、そのことに対して十分な知識を有していない人もいる。これでは、地域住民や患者が納得できる相談機能を発揮することができない。

しかし、今回のように何らかの非常事態が生じ、地域住民や患者に健康被害が及びそうになった場合、薬局薬剤師がしっかりと地域住民や患者から信頼を得られるような相談への対応力を発揮することができれば、薬局に対する信頼度が向上することになる。

以前、調剤薬局経営者の中には「保険調剤のみに特化することがドラッグストアとの差別化になる」とする人が少なからずいた。だが、ドラッグストアが店内に調剤部門を設けるようになり、その構図が崩れている。

それだけに調剤薬局は、地域住民や患者が求めている薬剤師機能を発揮・強化するために店舗のあり方を見直していく必要がある。そのことが面分業を進展させることになり、これまでも言われてきたさまざまな分業批判に対応できるようになる。

薬局が6万店あっても、地域に貢献できなければその数は長期にわたり維持されるものとはなり得ない。むしろ、地域に貢献できる薬局が現在の半分の3万店もあればその数の方に重みがある。ちなみに、人口減少社会において小学校の数も郵便局の数も2万台となっている。そのことを考慮するならば、3万店という数は当たらずとも遠からずだ。

薬局は、新型コロナウイルス感染症によって新常態に移行する社会において存在感を増すため、そのあり方を大きく見直す必要がある。

コロナ禍で薬剤師の存在感が希薄に

新型コロナウイルス感染症拡大時には、世界中の医療関係者が多くの人々から賞賛を受けた。日本でも同様だったが、その医療関係者は、医師や看護師あるいは事務職員で、その中に薬局薬剤師の存在はなかった。

だが、地域によっては、しっかりと存在感を示すことができたところもある。この差は何なのか。以下では主な要因を挙げる。

第一に「現在の医薬分業の限界」ということが挙げられる。わが国の医薬分業率は70%を突破し、増加傾向を維持している。それなのに、マンツーマン薬局や門前薬局が中心となっている構図は大きく変化していない。そのため、現在に至るも医薬分業批判が絶えない。厚労省が2015年にまとめた「患者のための薬局ビジョン」では「対物業務から対人業務へのシフト」を打ち出し、薬局に対して運営のあり方を見直すことを促そうとしているが、思うように進展していない。このままでは、医薬分業の限界として薬局運営の見直しを迫られることになりかねない。新型コロナウイルス感染症が拡大しても調剤薬局の運営形態は大きく変化することがなく、患者数の減少を静観するしかない状態が続いている。

第二に「薬剤師の限界」ということが挙げられる。薬剤師は、医師から発行された処方箋を受け付け患者に服薬指導をし、医薬品を渡す。このことだけを行えばいいのか。在宅医療を実施していない調剤薬局の薬剤師は、このことを基本業務として行っている。慢性疾患の患者に対しては、服薬指導を行うこともなく、ただ医薬品を渡すだけになっていることも少なくない。見方を変えれば、そのような薬剤師は最低限の基本業務を行っているに過ぎない。

薬学教育が6年制になって久しく、実習強化も行われるようになり、薬剤師の質は向上しているはずだ。内部ではいろいろな意見があるが、大きく変化したとの感想が患者からはあまり聞こえてこない。それは、薬剤師という枠組みを薬剤師自身が狭めており、受け身の対応しかできていないからではないのか。いわゆる薬剤師の限界を自ら作っているともいえる。

コロナ禍において、薬剤師が地域住民や患者に対して存在感を示すためには「今、薬剤師に何ができるのか」や薬局運営のあり方の見直しなどが必要になってくる。そのことができなければ、多くの薬剤師はパンデミックが生じた際に存在感が薄いと言われ続けかねない。

第三に「薬局に危機対応能力が欠けている」ということが挙げられる。多くの薬局は、自然災害への対応については、これまでの経験を踏まえて対応策を講じている。だが、感染症に対しては、消毒液の設置や駐車場での対応ぐらいしかできない。特に大都市圏の調剤薬局は、患者が少人数でも三密（密閉空間、密集場所、密接場面）状態になってしまうこともある。それならば、積極的に携帯電話など情報通信機器やSNSを活用する薬局が急増するかと思えば、そのような状況にもなっていない。これでは、多くの薬局は危機対応能力が欠けていると言われても仕方がないのではないか。

このようなことだけではなく、面分業が進展していない地域の多くでは、地域住民や患者が薬剤師に対して特段の期待をしていなかったからともいえるのではないか。

そのため、今回の新型コロナウイルス感染症拡大時においても、薬剤師が注目されることが取り立ててなかったことが、存在感の希薄につながったといえる。

薬局もBCPが必要

多くの薬局は、BCPについて考慮していない。対応している薬局でもその多くは、自然災害への対応だった。だが、今回の新型コロナウイルス感染症の拡大に伴い、薬局も感染症への対応を求められるようになっている。

政府は、感染症対策として三密を作らないよう国民に促しているが、多くの薬局はわずかな人数でも三密を作りかねない状態となっている。外に駐車場があれば、そこを使うことで臨時の対応が可能になる。だが、大都市圏の薬局の中には、駐車場もないところが少なくない。

クオールホールディングスは、新型コロナウイルスを不活化する「オゾン除菌脱臭器 AIR BUSTER（エアバスター）」を中心としたオゾン関連製品の販売を強化し、グループ内薬局でも活用することを公表した。それでも患者の感染防御の決め手とはいえない。やはり通常の患者動線と非常用の動線を別個に作り、ソーシャルディスタンスが取れるようにする必要がある。

このような状況下で、長野県上田市のイイジマ薬局が始めたシステムが注目される。携帯電話やタブレットなどのモバイル端末を用いて、服薬指導から薬歴承認まで、薬歴に関係する一連の業務を効率的に完結することができるのだ。

同システムは、クラウドサーバーと薬局内サーバーとがリアルタイムで同期することで、最新の薬歴データが常時複製保存されるため、いつでもどこでも薬歴情報の参照や入力が可能となる。

具体的には、勤務中の在宅対応業務において、また患者の居宅を訪問し、服薬指導を行う際に、その場で薬歴を参照し、処方歴やアレルギー歴、併用薬等のチェックができるというものだ。このシステムは、まさにコロナ禍に適合した薬局の機能で、薬局のBCPにもなり得る。

これまで、どれほどの薬局が地域住民や患者の満足度を向上させるために、既存の薬局に投資をしてきたのだろうか。5年たっても10年たっても、ほとんど変わらないところが多いのではないか。

BCPや快適性などを強化しようとするのであれば、5年も10年も店舗の見直しを行わないはずがない。投資をするからこそ、リターンがあるのだ。

投資をせず老朽化するまで使おうとする薬局は、いずれ地域住民や患者から見放されることになる。

医薬分業率が70％を超えた今、薬局は量ではなく、質を求められるようになっているのだ。

ちなみに、厚労省は「対物業務から対人業務へのシフト」というが、対物業務さえ満足にできていない薬局が少なくない。

さらには、医薬品の安定供給についても多くの薬局は、医薬品卸に大きく依存している。だが、状況次第では一時的にせよ医薬品卸が対応することができなくなることもありうる。

そのような時には、患者にとって薬局が命綱になる。そのことを考慮するのであれば当然、薬局の在庫のあり方が変わってくるはずだ。

また、これからは自然災害への対応のため、ハザードマップへの対応も重要なこととなる。

ここ数年、地球温暖化の影響などにより、日本においてもこれまで経験したことがなかった自然災害に見舞われることが急増している。そのため薬局は、ハザードマップをチェックし、自然災害への対応能力を強化する必要がある。

仮に地域が一時的に孤立したとしても、その間も薬局業務を継続して行える体制が必要だ。そのことで薬局に対する地域住民の信頼が高まることになる。

今後、わが国の薬局が生存競争に打ち勝っていくためには、薬剤師の存在感だけではなく、ＢＣＰの強化も重要な項目となる。

薬局にも病院機能評価と同様のものがあれば、そこにＢＣＰを加えることができる。しかし、薬局には、機能評価と同様のものがないことから、薬局経営者は自らの考えで、地域や時代に対応したＢＣＰを構築していくことになる。

コロナ後の薬局に必要なこと

コロナ以前とコロナ以後の時代では、市民の日常生活やビジネスのあり方も大きく変化した新常態が定着することになる。私たちはもうコロナ以前の時代には戻れないということである。これまで有効だったやり方が否定されることもありうるだろう。それだけに薬局は、地域住民や患者が自分たちに対してどのようなことを望んでいるかということを把握し、運営や投資を行っていくことが求められる。

コロナ後の時代には、以下のことを地域において考慮する必要がある。それは、「事前相談対応能力強化とその認知」「発熱患者や感染症患者とその他の患者の動線を分離」「薬局のＢＣＰ」「薬局内の設備の自動化」「感染症対策のため一定の広さを確保」などである。

「事前相談対応能力強化とその認知」は、感染症拡大で医療機関への受診をためらっている地域住民が、薬剤師に相談できるように機能を充実させることだ。具体的には、ＯＴＣ薬やヘルスケア用品を充実させ、薬剤師の相談能力を向上させる。それを地域住民に認知してもらうことで、地域住民や患者の選択肢が広がることになる。先に述べたイイジマ薬局のシステムは、この部分だけではなく以下の多くの項目に適合する。「発熱患者や感染症患者とその他の患者の動線を分離」することで、患者を感染症から守ることができる。薬剤師も感染症に罹患しないようにするための専用の窓口を設け、他の患者と近接することがないようにする。

これまで薬局の多くは、医薬品卸など流通業者にモノの供給を大きく依存してきた。感染症のように自然災害ではない場合、一時的に供給業者の物流がさまざまな理由で滞ることが予想される。そのことを想定した独自の「薬局のＢＣＰ」も必要になる。「薬局内の設備の自動化」を進めれば、機械と薬剤師のチェックで投薬ミスが大幅に削減されると同時に、薬剤師の服薬指導や患者対応力が強化される。

わが国でもベクトン・ディッキンソン社製の薬局ロボットが導入されるようになった。このロボットは、調剤だけではなくＯＴＣ薬でも導入することが可能で、24時間稼働させることができ、所定の二次元コードを持っていれば、患者の都合の良い時間に医薬品を入手することができる。

さらに、感染症患者と他の患者の動線や待合スペースを極力別にすることが求められる。これまでの三密状態の店舗を感染症患者が訪問すれば、薬剤師だけではなくそこにいる他の患者まで危険にさらされることになる。地方では駐車場が確保されていれば、それなりの対応が可能だが、大都市圏のように駐車場も確保できないようなところでは、そのままでは危険性を回避することができない。

２０２０年９月からは、オンライン服薬指導が開始された。当面は新型コロナウイルス感染症拡大への対応の特例措置となっているが、その特例的な対応がなくなった後は薬機法で定められたさまざまな要件に基づいて実施し、新たな点数を算定することになる。

薬局としてはコロナ以前の世界に戻ることができないとすれば、非接触システムを積極的に活用し、薬局の運営手段として育成すべきだ。ここから日本の新たな医薬分業が始まるかもしれない。

薬局に必要なのはＤＸよりＸだ

新型コロナウイルス感染症の拡大以降、ＤＸ（Digital Transformation）に関する報道が連日のように行われている。

この背景には、「新型コロナウイルスに感染するリスクを極力軽減するためには、密閉・密集・密接の三密状態を回避することであり、その有効な手段としてＩＣＴなどデジタルの活用が挙げられる」ということがある。さらに政府も、米国や台湾のような国々と比べて遅れていたデジタル化に本格的に取り組む姿勢を示し、「デジタル庁」を創設することになったことも影響を及ぼしている。

しかし、わが国のデジタル化は米国などと比べて約20年遅れているともいわれており、関係者の間からはリープフロッグ（蛙飛び）のような形で、その差を縮小することができるのか疑問視されている。

それでも企業は、その遅れを少しでも取り戻そうと、ＤＸに関してＣＩＯ（Chief Information Officer：最高情報責任者）やＣＤＯ（Chief Digital Officer：最高デジタル責任者）などのポジションを設け、デジタル化を積極的に取り込むことで、新たな時代に適応できるように組織改革を推進しようと動き出している。

また、わが国の製薬企業は、アステラス製薬や塩野義製薬、エーザイなどが米国や日本のＩＣＴ企業や国内の大学と連携してデジタル治療に取り組み、スマホなどを活用した治療に乗り出した。

デジタル治療については、まだ緒に就いたばかりであり、今後、どのような広がりを見せるかわからない。だが、現時点で薬局は蚊帳の外だ。

現在のところ、薬局のデジタル化で最も動きが大きいのは、オンライン服薬指導だ。これは、オンライン診療がどれだけ定着するのかによって大きく異なる。だが、これからのコロナ後の社会を考慮したならば、感染症対策などへの有効手段として定着することが予想される。

政府もオンライン診療に関しては、本気で推進する姿勢を明確にしており、よほどのことがない限り、大幅な後退はない。それだけに薬局としては、オンライン服薬指導を患者中心の医療を構築する一つの手段として取り入れることが重要だ。

一歩進んだ形態としては、携帯電話やタブレットなどのモバイル端末を用いて、服薬指導から薬歴承認まで、薬歴に関係する一連の業務を効率的に完結することができるシステムの導入がある。それによって、薬剤師がどこにいても患者の相談に応じることができるようになる。

薬局のデジタル化は、今後も確実に進展し、BCPなども含めたさまざまな部分に導入され、業務の効率化や安全対策に寄与することになる。

薬局のDXは大がかりなものではないだけに、その導入速度は速い。だが、これまで投資を行ってこなかった薬局にとっては、大きな負担になりかねない。

特に大きな課題として立ちはだかるのは、非デジタル世代の薬剤師がその変化に対応できるかだ。

ここでいう変化への対応とは、単にデジタル機器が操作できるようになることではなく、DXの本質であるトランスフォーメーション（変革）への対応である。DXというより、Xを重視することが本質なのだ。

これまで繰り返し述べてきたように、コロナ後の新常態の社会は、コロナ前の社会とは大きく異なると予想される。それは、私たちがコロナ禍においてコロナ前とは異なる行動を余儀なくされ、そのことが決してできないことでもなく、かえって不都合なことを克服する機会になりうると学んだからだ。

さらに、コロナ前は長年続いた慣習を踏襲してきたが、そのことも新常態の社会では見直しても問題がないということを知った。

それだけに薬局もＤＸに本気で対応するのであれば、患者中心の医療を提供するためにどのように薬局や自らを変革させていくべきかということを考え、実行していくことだ。

第7章

薬局と薬剤師は進化の途上だ

地域包括ケアにおいて薬局が果たすべき役割

医療界において、地域包括ケアということが叫ばれるようになって久しい。だが、多くの地域では試行錯誤の状態が続いている。

その背景には、依然としてそれぞれの役割分担と連携が効果的に機能していない状況がある。地域包括ケアは、医療機関だけが果たすべきことではない。

地域包括ケアはシステムではなく、ネットワークであり、その中には当然、薬局も不可欠な存在としてその役割が期待される。

しかし、地域包括ケア推進のために活躍している、あるいは重要な役割を果たしている薬局がどれだけあるだろうか。あえて取り上げれば、新型コロナへの対応事例や在宅医療において薬剤師の存在が認められるようになり、活躍の場が広がっているということくらいだろう。

何度も述べてきたように、薬局は、身近な地域において疾病の予防から治療まで幅広い部分に関与する存在である。だが、多くの患者や地域住民は薬局薬剤師を頼りになる存在として活用していない。

それは、依然として薬剤師が、自分たちが有する能力を発揮することができていないからであり、また患者や地域住民が薬局や薬剤師の有効な活用方法を知らないからともいえる。

厚労省はタスクシフトの推進を掲げている。それなのに薬剤師は、看護師ほどにタスクシフトに関わろうとしていない。

薬剤師は、自分の能力を過小評価しているのだろうか。それとも現在の状況が限度だと思っているのだろうか。

もし後者であるならば、今後、優秀な人材は医師や看護師になり、薬剤師のなり手は少なくなる。少なくなるばかりではなく、タスクシフトで看護師や他の医療従事者が薬剤師の仕事の領域にまで踏み込んでくるかもしれない。

地域包括ケアの推進は、薬局にとって自らを変革させる大きなきっかけでもある。自らが、これまで踏み出したことがなかった新たな領域に乗り出すことができるかもしれない。

そのためには、受け身の対応に終始するのではなく、積極的に自らが行えることを見いだし、その仕事の広がりを図ることが求められる。

場合によっては、現行法では薬剤師が実施することができなくとも、自分たちが加わることで患者に良質な医療サービスを提供することができるのであれば、タスクシフトとして積極的に要望し、薬剤師の職能の幅を広げていくことが必要なのではないか。

地域において薬局は、医療におけるソフトとハードを扱える存在でもある。一定の広さを担保できれば、在宅医療における医薬品だけではなく、医療材料の備蓄拠点ともなりうる。これは医療や介護関係者にとっては、力強い存在となるはずだ。

薬局は医療だけではなく、介護の分野もシームレスにつなぐことができる有益な存在となりうるということだ。

管理栄養士が勤務する薬局であれば、治療はもちろんのこと、未病や予防まで幅広く対応できる存在として重宝されることになる。

薬局や薬剤師にとって地域包括ケアに参加するということは、自らの存在感を高めるだけではなく、質の向上にもつなげることができる。

薬剤師は、多くの医療関係者に自らの業務を「見える化」することで、行動内容が明らかになる。当然、地域包括ケアに参加する医療・介護従事者や施設のすべてにおいて、見える化を推進することができれば、その地域における医療・介護の質の向上は確実に進展する。

薬局や薬剤師は、地域包括ケアに積極的に参加し、患者や地域住民はもちろんのこと、医療介護従事者にも、自らが有する機能や能力を理解してもらうことが重要なのである。

薬局と薬剤師は進化する

ここまで薬局や薬剤師に対しては厳しい指摘をしてきた。だが、それは薬局や薬剤師が今後も進化することを期待できるからだ。進化のための伸びしろは十分ある。

新型コロナウイルス感染症の拡大は、薬局や薬剤師にとって自らのあり方を見直す機会でもあった。そう考えれば、コロナ以前とコロナ後の新常態とでは、薬局や薬剤師の行動が大きく変化することができる最大の機会でもある。

コロナ前の医療風土から脱却し、患者中心の医療を追求する。そこには、マンツーマン薬局や門前薬局などのあり方の見直しや、薬局における商品の品揃えも含まれる。この機会を逃せば日本の医薬分業は、歪んだ分業のまま中途半端な存在として生き残り、いつまでたっても分業批判がなくならない。

一方、薬局もいわゆる医薬分業元年といわれる時から約50年が経過した。創業時の経営者の多くも高齢化し、次の世代に薬局経営を委譲するようになってきている。後を継いだ経営者やそこに勤務する若手薬剤師は、医薬分業の成長過程を知らない。だからこそ新常態の医薬分業を牽引する薬局経営者や薬剤師は、過去の呪縛にとらわれず、患者や地域住民中心の医療を提供することができるよう進化を遂げてほしい。

そのためには、薬局や薬剤師が薬局という限られた店舗のような狭い枠組みの中で活動を続けるのではなく、地域社会の中で多様な活動に積極的に関わり、広範囲の薬剤師活動ができるよう自らがプロフェッショナルとして挑戦を続けることだ。

そのことによって薬局や薬剤師に対する地域住民の目も大きく変化し、身近で頼りになる存在として位置づけられるようになってほしい。人から与えられるのではなく、自らが行動することで評価してもらえるようにならなければならない。

今こそ薬局薬剤師は、古い衣を脱ぎ捨てて、新たな時代に必要とされる存在になるため挑戦し、既成の薬剤師像を打ち砕く進化を遂げる時である。

おわりに

私たちは、新型コロナウイルス感染症の拡大以前には、誰一人としてコロナ後の新常態の社会を予想できなかった。だが、コロナ後の社会は、コロナ前の社会からは大きく変化する。今後は、コロナ前の社会では容易に変革できなかった慣習や体制を大きく変革する絶好の機会である。

日本社会ではDX（デジタルトランスフォーメーション）の導入について、そのあり方が議論され、多くの企業や教育現場などで取り入れる動きが活発化している。

しかし、DXはあくまで手段であって、目的はこれまでのあり方を変革をするということに他ならない。そう、コロナ後の社会は、私たちが新しい社会に適合するために変革する機会でもあるのだ。

この機会を逸することになれば、日本の医薬分業は調剤サービスを提供する提供者側主体の医薬分業を継続することになってしまう。そうなれば薬局や薬剤師は、どこまでいっても真の患者中心の医療に到達できず、医薬分業に対する不満がいつまでも続くことになりかねない。いくら厚労省や政府に頼っても、肝心の薬局や薬剤師が本気で変革に取り組まなければ、結局、何も変わらない。それは、これまで何度も繰り返されてきたことだ。

本書では、新たな医薬分業のあり方を構築するために今、薬局と薬剤師には何が足りないかということと、進化する必要性を述べた。その際、薬局や薬剤師には、厳しい指摘をすることになったが、言い換えればこのことは、薬局や薬剤師には進化するための伸びしろがあるということでもある。

また、薬剤師は単に国家資格を有する人ということだけではなく、プロフェッショナルとしての意識を持つことが必要だということも強調した。どのような人にも分け隔てない対応ができる、必要な知識の収集を怠らないプロフェッショナル意識を持った薬剤師は、コロナ以前の薬剤師像を一新させるものになるだろう。

高齢化が急速に進展し、社会構造が大きく変化する地域社会において存在感のある薬剤師となり、ひいては薬剤師の価値を高めることになる。国民の薬剤師に対する評価も大きく変化し、薬剤師もこれまで以上に自らの仕事に対して強い使命感と誇りを持てるようになるだろう。私たちは、そういう薬剤師を求めている。

本書の出版には、長年の友人である大阪府薬剤師会専務理事で京都薬科大学の理事でもある山口泰秀さんとの長年にわたるやりとりも大きく影響している。ある面、本書は二人の作品といってもいいかもしれない。

最後に、長年にわたり、仕事ができる環境を整え、叱咤激励をしてくれた妻には深く感謝したい。

遠藤 邦夫

2021年10月

参考文献

日本薬剤師会医薬分業対策本部『薬局のグランドデザイン』日本薬剤師会雑誌付録（1997）
福岡県薬剤師会GD策定ワーキング『福岡県版薬局グランドデザイン』福岡県薬剤師会（2015）
水野睦朗『薬のプロフェッション』薬事日報社（1989）

《著者紹介》

遠藤 邦夫（えんどう くにお）

県立広島大学大学院経営管理研究科教授

1977 年東海大学政治経済学部経済学科卒業後、株式会社矢野経済研究所に入社。1987 年文部省統計数理研究所委託研究員を兼務。
2012 ～ 2021 年株式会社矢野経済研究所 ライフサイエンスユニット フェロー。
2019 年 4 月より県立広島大学大学院経営管理研究科教授。
2021 年 4 月より株式会社矢野経済研究所客員研究員。

評言社 MIL 新書 Vol.009

薬局と薬剤師の進化論

2021 年 11 月 25 日　初版　第 1 刷　発行

著　者　遠藤 邦夫
発行者　安田 喜根
発行所　株式会社 評言社
東京都千代田区神田小川町 2-3-13 M&C ビル 3F
（〒 101-0052）
TEL 03-5280-2550（代表）　FAX 03-5280-2560
https://www.hyogensha.co.jp
企画制作　株式会社 エニイクリエイティブ
東京都新宿区四谷 1-3 望月ビル 3F（〒 160-0004）
TEL 03-3350-4657（代表）http://www.anycr.com
印　刷　中央精版印刷 株式会社

ISBN978-4-8282-0727-8 C3234
定価はカバーに表示してあります。
落丁本・乱丁本の場合はお取り替えいたします。